国家能源局软科学项目

中国能源集团 500 强发展报告
（2016）

中国能源集团 500 强研究课题组　编

中国金融出版社

责任编辑：肖丽敏
责任校对：刘　明
责任印制：陈晓川

图书在版编目（CIP）数据

中国能源集团 500 强发展报告 . 2016（Zhongguo Nengyuan Jituan 500qiang Fazhan Baogao 2016）／中国能源集团 500 强研究课题组编 . —北京：中国金融出版社，2016. 11
ISBN 978 - 7 - 5049 - 8757 - 0

Ⅰ. ①中…　Ⅱ. ①中…　Ⅲ. ①能源工业—企业集团—经济发展—研究报告—中国—2016　Ⅳ. ①F426. 2

中国版本图书馆 CIP 数据核字（2016）第 249350 号

出版
发行　中国金融出版社

社址　北京市丰台区益泽路 2 号
市场开发部　（010）63266347，63805472，63439533（传真）
网上书店　http：//www. chinafph. com　（010）63286832，63365686（传真）
读者服务部　（010）66070833，62568380
邮编　100071
经销　新华书店
印刷　北京市松源印刷有限公司
尺寸　210 毫米×285 毫米
印张　10. 25
字数　236 千
版次　2016 年 11 月第 1 版
印次　2016 年 11 月第 1 次印刷
定价　60. 00 元
ISBN 978 - 7 - 5049 - 8757 - 0/F. 8317
如出现印装错误本社负责调换　联系电话（010）63263947

编　委　会

前　言

　　能源是经济的命脉。经过长期发展，我国已成为世界上最大的能源生产国和消费国，能源发展取得了巨大成绩，但也面临着能源需求压力巨大、能源供给制约较多、能源生产和消费对生态环境损害严重等挑战。向低碳经济转型成为世界各国共同面对的问题。对能源行业而言，2014 年注定是不平凡的一年。国内，经济正式进入新常态，习近平总书记提出推动能源生产和消费革命的要求，国务院出台《能源发展战略行动计划（2014—2020 年）》，国家发展改革委、国家能源局和环境保护部联合发布《能源行业加强大气污染防治工作方案》，对新能源行业的支持政策逐步加强。煤炭行业整体陷入困境。国际上，中美两国发表《中美气候变化联合声明》，对碳排放和非化石能源在一次能源消费中的比重作出承诺。美国页岩气革命、俄乌冲突、中东问题等地缘政治改变了世界油气格局，国际原油价格断崖式下跌。

　　本报告是国家能源局软科学项目"中国能源集团 500 强研究"的最新阶段性成果，重点展示了在上述产业背景下中国能源企业的发展变化，并对电力、煤炭、石油、新能源领域的代表性企业进行了案例分析。中国能源集团 500 强统计数据显示：能源行业的低碳转型初见成效，传统能源市场份额下降，但基本格局并没有改变。在经济转型过程中，传统能源企业发展承压，龙头企业中国石油化工集团公司、中国石油天然气集团公司 6 年来营业收入首次出现下降。在政策支持下，以民营企业为主的新能源行业逐步走上有序、快速发展的通道。

　　中国能源经济研究院作为国内专业的能源经济研究机构，始终将如实反映中国能源行业发展过程中的问题，为能源市场参与者提供决策参考为己任。"中国能源集团 500 强研究"项目自 2010 年立项，至今已经连续推出六届，评价对象不断完善，评价标准客观、公正，得到相关各方的广泛认可。

　　全书由解树江进行整体构架统筹设计，并由郭春兰、刘先云进行统稿。第一章由陈哲、刘先云撰写；第二章、第三章由郑超撰写；第四章由郭春兰撰写；第五章由魏秋利、李文华、吴莉、付拥民、游加撰写（排名不分先后）。本报告在撰写过程中得到中国能源集团 500 强企业的鼎力支持，在此表示感谢。由于项目组研究水平有限，报告中难免存在不足，欢迎广大读者批评指正。

中国能源集团 500 强课题组

目　录

第一章 中国能源集团 500 强发展产业背景

2014 年，发达经济体经济运行分化加剧，发展中经济体经济增长放缓，世界经济复苏依旧艰难曲折，仍处于危机后的修复期。这一年，世界工业生产增长小幅加快，主要经济体中，美国工业生产增长加快，欧元区波动前行，日本自第二季度以来持续恶化（见图 1-1）。主要发达经济体消费低迷，世界贸易低速增长，波罗的海干散货运指数基本在海运平衡点（2 000 点）以下波动回落，从 2014 年 1 月 2 日的 2 113 点降至 2014 年 12 月 24 日的 782 点，累计下降 62.9%。

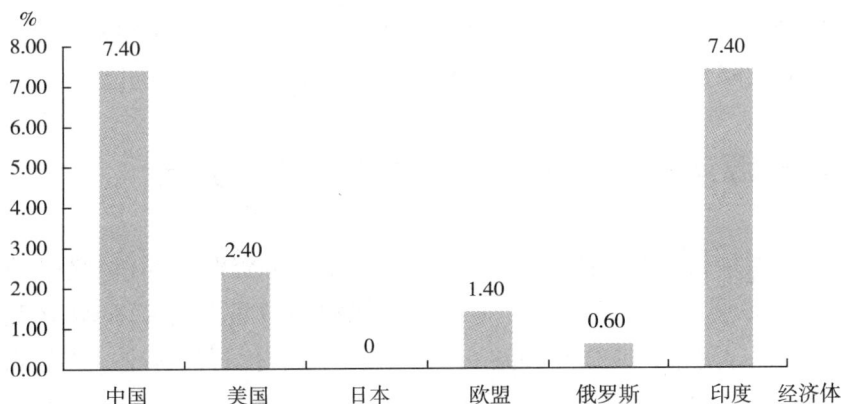

图 1-1 世界主要经济体 2014 年 GDP 增速

在内需不振的情况下，各国均致力于扩大出口，竞争性货币贬值的冲动加大，国际竞争趋于激烈。同时，全球贸易保护主义有所抬头，区域贸易自由化有取代全球贸易自由化之势。

此外，俄乌冲突、中东局势等地缘政治形势恶化，造成相关国际投资、资本撤离该地区，抑制各自的进口需求和相互间的贸易，使欧洲和俄罗斯不稳固的经济雪上加霜，同时极大地影响了国际能源原有版图和市场格局。

为刺激经济，2014 年各经济体货币政策分化加剧：美国于 10 月完全退出量化宽松；欧元区和日本年中以后仍在加大宽松政策力度；俄罗斯和巴西分别加息 6 次和 5 次，累计升息幅度全年达 1 150 个和 125 个基点；罗马尼亚和韩国分别降息 3 次和 2 次，累计降息 100 个和 50 个基点。

反映到汇率方面，美元走强，欧元和日元走弱，以美元为主要计价方式的国际市场大宗商品，特别是原油价格大幅下跌。据世界银行统计，2014 年，能源价格比 2013 年下跌 7.2%。欧佩克一揽子原油价格为 96.2 美元/桶，比 2013 年下跌 9.2%；纽约期货市场轻质原油价格为 93 美元/桶，比 2013 年下跌 3.6%。二者均连续两年下跌。

第一节　国际能源新形势

2014 年是世界能源行业震荡加剧、调整加大，部分子行业骤然转折的一年。受需求低迷、供应增长，以及中美达成气候减排共识为标志的气候问题取得突破等因素影响，2014 年国际油价大幅跳水，全球天然气的产量、消费增长远低于过去 10 年的平均水平，煤炭在全球一次能源消费中的占比跌至 30.0%，可再生能源（风能、太阳能和生物燃料等）市场份额在 2014 年继续增长，创纪录地占全球能源消费的 3.0%，未来还有广阔发展空间。

受惠于页岩气革命，美国超过沙特阿拉伯、俄罗斯成为全球最大的石油生产国和天然气生产国。2014 年下半年以来，国际油价大幅波动是国际石油供需关系失衡的反映，更是全球石油需求东移，供应多元化和多中心化，以及美国对国际能源市场影响力增强的直接结果，预示着国际油气竞争新阶段和定价机制新规则的开始。随着中国对能源密集型行业的调控，能源消费增长已降至 1998 年以来的最低水平，但仍是全球最大的能源增量市场。

一、世界能源消费增速减缓，向清洁低碳化发展

随着全球经济总量和规模的日益扩大，全球面临的能源资源瓶颈和生态失衡问题日趋严重，发展新能源的需求迫切。2014 年，全球一次能源消费量约为 128.99 亿吨油当量，比 2013 年增长 1.33%，增速较 2013 年回落 0.65 个百分点。化石能源中，煤炭占全球一次能源消费结构的 29.66%，同比下降 0.40 个百分点；石油占比 32.63%，同比下降 0.25 个百分点；天然气占比约为 23.58%，同比下降 0.14 个百分点。

相比 2013 年，包括水电、风电、太阳能发电、核电、生物质能等非化石能源占比增至 14.13%。各行业中，风电装机增长约 34%，光伏发电装机增长超过 20%，核电装机容量基本保持不变。受中国水电装机迅猛增长影响，全球水电装机容量同比增长 3.1%。欧洲新出台的补贴和碳排放政策，刺激了新能源发电的迅速增长，尤其是德国光伏和风电分别增长 13% 和 22%，燃煤发电量和天然气发电量则下降 15% 和 21%。

在国际社会达成以低碳经济应对气候变化的大背景下，新能源产业作为走向低碳经济的主要驱动力之一，迎来了全面发展的绝佳机遇。世界各国都制定了相关政策和法律以促进新能源开发与应用，新能源成为拉动经济增长的新动力，能源消费向清洁低碳化发展的趋势明确。

二、世界石油供需失衡加剧，能源版图生变

2014 年，国际原油价格震荡走跌，纽约和伦敦两市油价整体下行且波动幅度逐渐加大。

2014 年布伦特原油（ICE）自年初的每桶 107.78 美元跌至每桶 59.45 美元；2014 年美国原油（WTI）则自年初的每桶 95.34 美元跌至每桶 54.73 美元（见图 1-2）。主要是供需不平衡，其次为沙特阿拉伯为排挤美国页岩油大打价格战，加之地缘政治因素和经济增长放缓等诸多因素，造成 2014 年下半年以来，油价加速跳水，最终跌破每桶 60 美元大关。

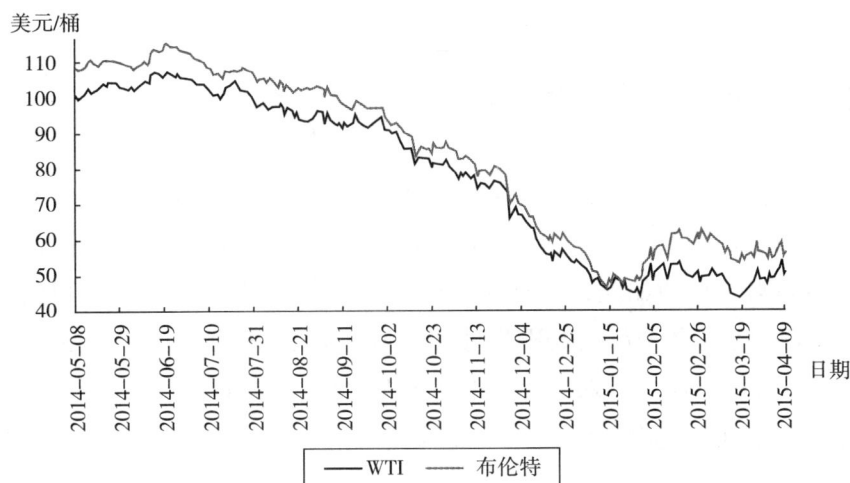

图 1-2　2014 年 5 月至 2015 年 4 月国际油价走势

受非常规油气加速发展的影响，美国成品油加速出口，进一步影响世界油品市场格局，油气生产和供应重心明显西移，油气供应格局从中东和苏联等地区主导的"双极"格局，逐步演变为中东、苏联地区、美洲地区共同主导的"三极"格局，消费重心逐步向发展中国家转移。

与此同时，乌克兰事件成为 2014 年最大的地缘政治事件，导致俄罗斯与西方出现自冷战以来最严重的对峙。欧盟为降低对俄罗斯的能源依赖，努力寻求进口渠道的多元化，加快与中亚、中东地区的能源合作步伐。俄罗斯在西方战略围堵下，加快油气东进、南下，尤其是与中国能源合作的脚步。美国对伊朗的核问题立场有所改变但依旧存在变数，伊朗对外石油出口有所恢复。

三、煤炭持续低迷，消费增长停滞

尽管煤炭在全球一次能源结构中的比重下降，增幅回落，但其需求总量在未来几年内仍将保持一定程度的增加。受中国、美国、德国等国家煤炭消费下滑影响，中亚、俄罗斯、非洲和亚太地区的煤炭消费增量将被抵消，出现整体消费增量停滞、整体稳定的现象。

从主要生产和消费区域看，中国经济增长的刚性需求依然存在，难以改变煤炭为主的能源消费结构，煤炭清洁化利用技术实现突破后，也将支撑煤炭重回稳定小幅增长的态势。美国由于大量天然气替代煤炭，本土煤炭市场衰落，近 10 年来，美国煤电的市场占有率已经由 50% 下降至不足 40%。此后随着水平钻井法与水力压裂法等技术崛起，燃煤面临更便宜更清洁的页岩气的竞争，再加上燃煤发电厂受到越来越严苛的环保法规监管，导致煤炭用量下滑，这样的趋势在未来一段时间将进一步延续。

目前，印度和印度尼西亚经济增长提速，煤炭消费量呈上升趋势，同时欧盟由于财政紧张，对廉价煤炭愈显青睐，这几大市场将是短期内支撑煤炭的主要地区。不过，考虑到煤炭市场供过于求的情况难以扭转，短期内煤炭价格在缺少必要政策干预的情况下，难以走出颓势，低迷的行业景气指数将延续一段时间。

四、非化石能源发展喜忧参半

经历 3 年时间逐步走出了日本福岛核事故阴影，2014 年全球运行的反应堆增至 436 座，发电能力为 3.763 亿千瓦时，核电发电量出现 2011 年后的首次增长。在建反应堆有 71 座，铀需求量为 65 908 吨。即便如此，核电在全球能源消费比例依旧甚少，且增长缓慢。分地区看，美洲、欧洲和东亚是全球核电开发利用的主要地区，非洲、拉丁美洲、中东和南亚则相对较少。随着全球减排压力越来越大，未来核电的发展空间仍十分广阔。德国逐步弃核，法国、瑞士等国也计划逐步降低核电比重，这意味着可能采用更多煤电，对环保带来更大的压力。所以，从欧洲看弃用核电并不现实。

水电虽然被视为最清洁的能源之一，但政府、承包商和民间环保组织越来越注意到水电项目建设时的环保危害，尤其是对水质污染的问题，民粹主义对水电的开发利用形成了一定的抵制。从这个角度看，对水电发展还需谨慎乐观。世界可开发的水力资源主要集中在发展中国家，亚洲、非洲、拉丁美洲等发展中国家所在地区拥有 9.72 亿千瓦时，占世界总量的66.5%，其次为美国、日本、俄罗斯、澳大利亚等国。目前发达国家水电资源基本开发殆尽，新增项目主要集中在亚洲、非洲、拉丁美洲地区。

与 2013 年情况不同，2014 年全球风电装机量增长 34%。其中，中国和印度一如既往，新兴市场如土耳其、罗马尼亚、波兰、瑞典、芬兰等国风机安装量持续增长。但如果没有强有力的政府保护，风电难以出现前几年的 20% 以上的增长率。

受到中美两国光伏市场强劲的推动，2014 年全球光伏市场在下半年出现显著扩张。其中，中美两国新增装机量就占到全球一半以上。其他区域中，受到政策的扶持，亚洲市场、欧洲市场都保持 25%～30% 的增长率；非洲和中东地区，由于产业环境因素影响，比如电网、投融资环境、电价等，还不能充分满足产业发展需求，短期难有较大突破。

第二节　国内能源产业"新常态"

2014 年，我国能源行业取得了一系列新成果，也出现了很多新挑战。从 2015 中国能源500 强的统计来看，中国能源集团 500 强的总体规模持续扩张，但自 2012 年增长速度大幅下降之后，基本趋于平稳。2015 中国能源集团 500 强入围门槛达到 7.77 亿元人民币，较上一届的 7.28 亿元增加了 0.49 亿元。2015 中国能源企业 500 强营业收入总额为 19.53 万亿元，与 2014 年的 19.51 万亿元基本持平，增长速度滑落至 0.10%，增速同比下降 4.36 个百分点，为历年最低值。连续六届蝉联中国能源集团 500 强榜单前两名的中国石油化工集团公司（中石油）和中国石油天然气集团公司（中石化）首次出现营业收入下降的情况。2014 年，中石化和中石油营业收入分别为 2.89 万亿元和 2.73 万亿元，同比分别下降 1.87% 和 1.06%。

随着经济进入新常态，能源消费增速放缓并进入换挡期，煤炭消费出现亚洲金融危机以来的首次下降，电力消费出现 2009 年以来的最低增速，非化石能源消费比重升至 11% 以上。

国家统计局公布的《2014 年国民经济和社会发展统计公报》显示，2014 年中国能源消费 42.6 亿吨标准煤，比 2013 年增加 1 亿吨标准煤，增长 2.2%，增速逐年放缓。其中，煤炭消费量下降 2.9%，为有史以来的首次下降，原油消费量增长 5.9%，天然气消费量增长 8.6%，电力消费量增长 3.8%。相比 2014 年我国新能源及可再生能源保持快速增长态势，2014 年水电、风电、核电、天然气等清洁能源消费量达到 4.4 亿吨标准煤，保持了 7% 以上的增长率，占能源消费总量的 16.9%。

《2014 年国民经济和社会发展统计公报》还显示，2014 年末全国发电装机容量 136 019 万千瓦，比上年末增长 8.7%。其中，火电装机容量 91 569 万千瓦，增长 5.9%；水电装机容量 30 183 万千瓦，增长 7.9%；核电装机容量 1 988 万千瓦，增长 36.1%；并网风电装机容量 9 581 万千瓦，增长 25.6%；并网太阳能发电装机容量 2 652 万千瓦，增长 67.0%。

能耗方面，全国万元国内生产总值能耗下降 4.8%。工业企业吨粗铜综合能耗同比下降 3.76%，吨钢综合能耗下降 1.65%，单位烧碱综合能耗下降 2.33%，吨水泥综合能耗下降 1.12%，每千瓦时火力发电标准煤耗下降 0.67%。

根据中美两国 2014 年 11 月发表的《中美气候变化联合声明》，中国计划在 2030 年左右二氧化碳排放量达到峰值，非化石能源占一次能源消费比重达到 20%。目前，各国进行温室气体减排的政策手段主要包括征收碳税或实施碳限量交易制度，这将增加化石能源使用成本。当前及未来较长时期内，非化石能源依然是成本较高的能源品种，能源使用总成本也将因此显著提高。

一、经济进入中高速发展新常态

2014 年，中国经济运行保持在合理区间，上半年经济增长平稳，下半年下行压力渐增。国家统计局公布数据显示，2014 年我国国内生产总值（GDP）636 463 亿元，比 2013 年增长 7.4%（见图 1-3）。规模以上工业增加值比 2013 年增长 8.3%；固定资产投资（不含农户）502 005 亿元，比 2013 年增长 15.7%；进出口总额 264 335 亿元人民币，比 2013 年增长 2.3%。进出口总额中，出口 143 912 亿元人民币，增长 4.9%；进口 120 423 亿元人民币，下降 0.6%。

近两年，我国宏观经济运行逐步从高速增长阶段向中高速稳健发展阶段转变。在经济新常态下，经济下行压力有所加大，但部分宏观经济指标在明显企稳，成为减缓经济下行压力和优化经济结构的支撑力量。比如，就业形势较好，消费平稳增长，新兴服务业较快增长，

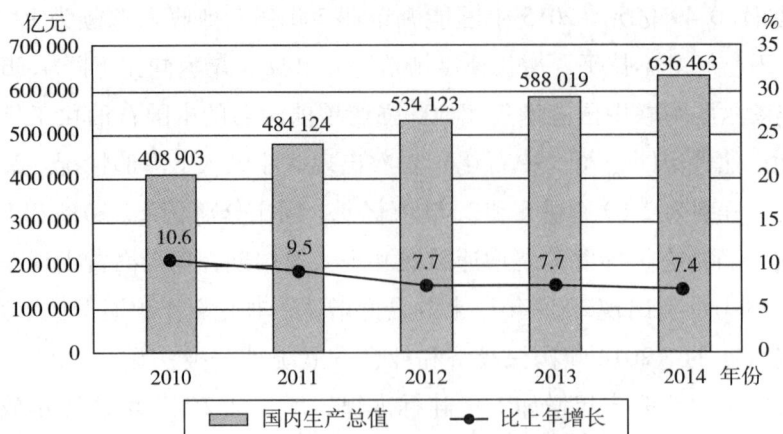

图 1-3　2010—2014 年国内生产总值及增速

都是经济结构优化的体现，这种效应还体现在制造业的优化升级上。

相比 2013 年，高耗能行业增长继续放慢，如钢铁、有色金属、水泥、化工四大高耗能产业这种趋势依旧明显。虽然，当前经济尚处在合理区间，结构调整已表现出积极变化，但仍有部分问题和风险继续积累，投资增长乏力，房地产市场低迷，地方债务风险加大，银行不良贷款率上升，产能过剩矛盾突出，经济运行面临不少困难与挑战。

二、用电量增速大幅回落，火电负增长

我国经济运行状况在电力行业得到明显反映。国家能源局公布的全社会用电量等数据显示，2014 年，全社会用电量 55 233 亿千瓦时，同比增长 3.8%，这一数据比 2013 年 7.5% 的增速大幅回落 3.7 个百分点，创下 2003 年以来增速的新低（见图 1-4）。分产业看，2014 年第一产业用电量 994 亿千瓦时，同比下降 0.2%；第二产业用电量 40 650 亿千瓦时，同比增长 3.7%；第三产业用电量 6 660 亿千瓦时，同比增长 6.4%；城乡居民生活用电量 6 928 亿千瓦时，同比增长 2.2%（见图 1-5）。

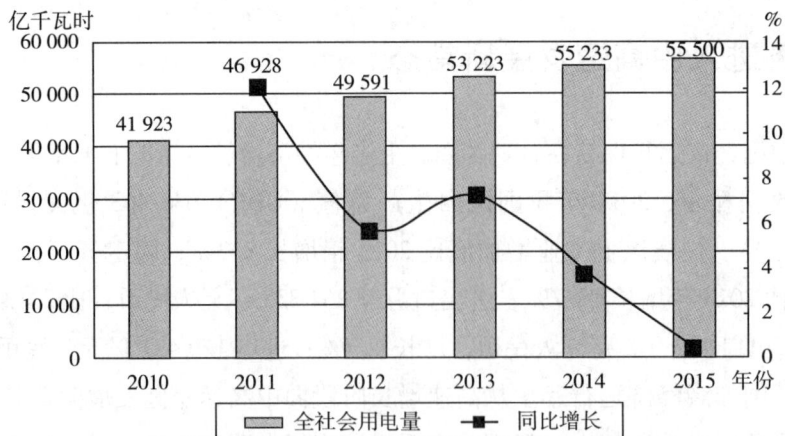

图 1-4　2010—2015 年我国全社会用电量及其增速

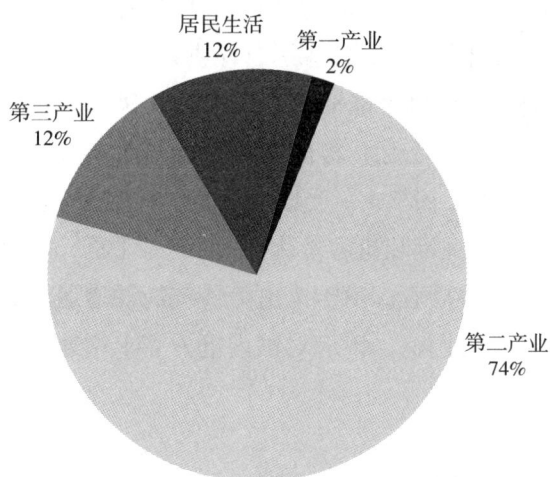

图 1-5　2014 年我国电力消费结构

　　第二产业中，化工、建材、黑色金属、有色金属四大重点用电行业合计用电量同比增长 3.7%，增速同比回落 2.7 个百分点，各季度增速分别为 4.2%、5.0%、3.7% 和 2.1%，呈现先升后降态势。四大重点用电行业增速均比上年回落，反映出产业结构优化调整效果显现。

　　2014 年，全国 6 000 千瓦及以上电厂发电设备累计平均用时为 4 286 小时，同比减少 235 小时。其中，水电设备平均用时为 3 653 小时，同比增加 293 小时；火电设备平均用时为 4 706 小时，同比减少 314 小时。分析其原因，除了用电需求放缓因素外，火电机组为规模越来越大且增长迅速的水电、风电、太阳能发电等非化石能源发电承担调峰任务也是重要原因，客观上为水电、风电、太阳能发电等消纳作出贡献。也就是说，这是用电需求放缓、非化石能源发电快速发展或外来电增加较多等共同作用的必然结果。

　　受电力需求放缓影响，电力企业经营受到较大影响，五大发电集团收入增速大幅下降。2015 中国能源集团 500 强榜单中，由于电力行业企业数量基数较大，落榜数量最多的就是电力行业，落榜企业数达到 22 家，其次是石油和煤炭，落榜企业数均为 13 家，随后是新能源、综合、燃气，落榜企业数依次为 7 家、5 家和 2 家，节能环保行业无企业落榜。

三、政策密集出台，积极推动能源革命

　　2014 年 6 月，习近平总书记提出"能源革命"战略思想，"四革命一合作"的核心内容已成为我国能源行业健康发展的重要方针。11 月，国务院出台的《能源发展战略行动计划（2014—2020 年）》，成为我国能源发展的中长期战略规划和行动纲领，引导能源行业朝着清洁化、科技化、市场化、国际化的方向转变。

　　在政府部门一系列政策的指引下，油气行业市场化改革明显提速，包括放宽行业准入、推动定价机制改革、推行资源税改等。此外，包括 2013 年 9 月公布的《大气污染防治行动计划》、2014 年 5 月 16 日发布的《能源行业大气污染治理方案》，以及 2011 年发布的《火力发电大气污染排放标准》对 2012 年新建火力发电项目和 2014 年 7 月后火力发电项目的排

放规定，等等，都在能源的生产、应用环节作出了具体规定。

国家对新能源支持政策的出台，使新能源运营环境有所改善，行业景气度提高。国内能源消费大幅放缓背景下，新能源及可再生能源消费实现持续快速增长。2014 年，我国水电装机 2 000万千瓦，总装机容量突破 3 亿千瓦，提前一年完成"十二五"规划目标；风能新增并网装机容量 1 452 万千瓦，同比增长 19.2%；受国家对光伏行业大力扶持的刺激，2014 年国内光伏发电项目发展势头强劲，新增并网装机容量达到 1 058 万千瓦，同比增加 54.5%。

从新能源发电资源的占有格局看，由于火电等传统能源遭遇环保瓶颈，近年来国内大型发电集团也在积极谋求电源结构调整，以应对国内电力需求增速的变化，国内能源供应结构得到明显改善。

四、煤炭行业发展持续困难

在需求低迷、产能过剩、进口规模较大等多重因素影响下，2014 年国内煤炭市场库存高企，价格下滑，效益下降，全行业企业经营压力加大，部分时期甚至出现全行业亏损的景象。随着国家煤炭行业脱困政策不断出台、实施，进入第四季度，市场出现了一定改善，但整个行业运行形势依然严峻。

在 2015 中国能源集团 500 强排名中，173 家收入下降企业中有 81 家煤炭企业，且下降幅度最大的 20 家企业中，煤炭企业占一半，这些数字足以说明煤炭企业目前的困境。国内最大的煤炭企业——神华集团有限责任公司压力加大，在经济压力下行加大和"去煤化"的双重压力下，企业收入水平出现两位数下滑。

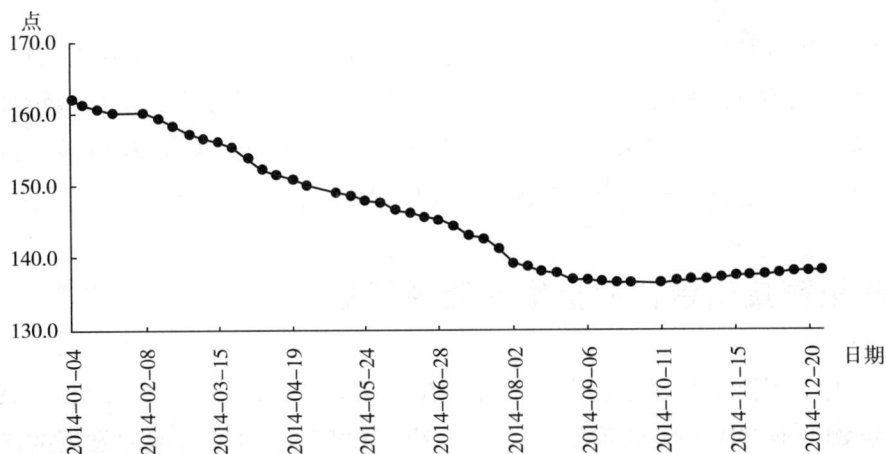

图 1－6　2014 年中国煤炭价格指数走势

国家统计局数据显示，2014 年全国规模以上工业企业实现利润总额 64 715.3 亿元，比上年增长 3.3%。实现主营活动利润 60 471.7 亿元，比上年增长 1.6%，但煤炭开采和洗选业下降46.2%。投资方面，2014 年全国煤炭开采和洗选业固定资产投资为 4 682 亿元，同比下降 9.5%。相比 2013 年 2% 的降幅，2014 年煤炭行业投资降幅进一步扩大，反映出产能过剩和需求疲软导致的投资不景气。

随着煤炭价格的下跌，此前艰难推动的煤炭资源税改，也终于在 2014 年作为配合清费立税的主要救市举措几经易稿之后颁布，并在 2014 年 12 月 1 日实施。目前，我国原油、天然气资源税改革已全面实施，完善煤炭产品价格形成机制可以让资源地区受益，同时在消费端提升使用成本，推进区域经济和行业间的协调发展。

从中长期看，煤炭作为符合我国资源禀赋的能源产品，还将在能源消费结构中扮演重要角色。只是随着环保要求的逐步落实到位，煤炭生产和消费的环境成本将显著增加，如 2014 年 6 月 12 日，环保部针对火电企业在减排方面存在的种种问题开出了 4 亿元罚单，这将直接迫使用煤企业在生产中强化环保投入，避免在排污、煤耗等方面被处罚，而这部分的投入，也将实际影响到产品成本。

五、非石化能源发展持续提速

目前，发展非化石能源取代化石能源以实现清洁环保的能源利用已成为产学研各界的共识。截至 2014 年，我国核电在建机组数量世界第一，风电已成为国内第三大电源，光伏行业景气度良好。

2015 能源集团 500 强榜单中，电力新增入榜企业 18 家，煤炭、新能源各 13 家，石油 9 家，节能环保、燃气、综合分别为 5 家、3 家和 1 家。从新增率上看，节能环保最高，达到 50%，其次是新能源、燃气，分别为 17.33% 和 15.79%，其余行业从高到低排依次为电力、石油、煤炭和综合。可以看出，新增率基本反映了能源结构调整对"500 强"内部行业分布的影响，即清洁能源企业比重呈上升趋势。

日本福岛核事故后，国内先后开工建设 7 台新机组，但作为事故前国务院已审批核准的项目，这些机组并没有真正拉开核电重启大幕。2014 年全国"两会"中，"安全发展核电"首次写入国务院政府工作报告，同年共有 5 台机组投产，分别为阳江 1 号机组、宁德 2 号机组、红沿河 2 号机组、福清 1 号机组和方家山 1 号机组。截至 2014 年末，我国在运核电机组至此增至 22 台，总装机容量突破 2 000 万千瓦，达到 2 029.658 万千瓦，在建机组 26 台，约 2 800 万千瓦。投产高峰的出现，说明"十一五"期间开建的机组陆续商运已经来临，而在建规模依然保持着世界第一。2014 年，核电"走出去"上升为国家战略。从国家高层出面推销，到达成实质性合作，核电成为公认的外交"新名片"，合作伙伴拓展至更多国家，合作内容延伸到整个产业链。

随着溪洛渡、向家坝、锦屏等诸多大型水电站的投产发电，我国水电在 2014 年装机容量突破 3 亿千瓦，发电量更是历史性突破 1 万亿千瓦时，继续稳坐可再生能源的头把"交椅"。不过，水电取得巨大成就的同时也存在着隐忧。根据我国"十二五"能源规划，这期间应新开工水电 1.6 亿千瓦，但截至 2014 年末，实际开工数量仅在 1/4 左右，亟待提速。同时，西南水电基地的弃水形势仍不容乐观，这都将是未来全行业需要面对的新挑战。为此，国家相继出台了《关于完善水电上网电价形成机制的通知》、《关于大型水电企业增值税政策的通知》、《关于鼓励社会资本投资水电站的指导意见》等一系列政策推动水电的开发利用。此外，随着国家能源局批复了福建、海南等 22 个省（区）59 个站点的抽水蓄能电站选点规划，我国新一轮抽水蓄能电站的规划选点工作基本完成，为 2020 年抽水蓄能电站 7 000 万千瓦的规划装机容量奠定了良好的基础。

2014 年，我国风电新增装机容量 2 335.05 万千瓦，同比上升 45.1%，累计装机容量达到近 1.15 亿千瓦，其中并网容量近 1 亿千瓦，占全部发电装机容量的 7%。风电产业的复苏除来自风电自身实力的增强外，煤炭价格下跌也功不可没。燃料成本的下降，致使绝大多数电力企业的盈利创新高，从而扩大风电建设规模并加快给付机组欠款。结合目前的政策、产业环境分析，风电行业未来将进入稳定增长的新常态。今后 5 年，每年新增装机容量或将达到 2 000 万千瓦以上，开发商盈利提升仍存在瓶颈，部分地区弃风问题改善后这一问题有望随之缓解。

2014 年，全国新增并网光伏发电装机容量 1 060 万千瓦，约占全球新增装机容量的 1/4，占我国光伏电池组件产量的 1/3，实现了《关于促进光伏产业健康发展的若干意见》中提出的平均年增 1 000 万千瓦目标，但仅完成年初目标的 76%，其中力推的分布式光伏仅完成任务量的 26%。可见，前景光明、政策力推与补贴滞后等现实问题共同困扰投资者时，不少资本仍选择冷静观望。各区域市场中，东部地区新增装机容量 560 万千瓦，占新增装机容量的 53%。江苏省和河北省新增装机容量均位居前列。行业整体恢复快速发展的同时，企业经营状况得到明显好转，骨干企业毛利率多数回到两位数，产业链各环节均有企业进入全球前十，且第一名均为我国企业。我国产业、技术、市场优势都很明朗，光伏在国内的发展可期。

第二章　中国能源集团 500 强特征分析

第一节　规模扩张放缓，总收入占 GDP 比重大幅下降

2015 中国能源集团 500 强入围门槛达到 7.77 亿元人民币，较上一届的 7.28 亿元增加了
0.49 亿元。虽然入围门槛增加，但此届能源集团 500 强营业收入总额增速明显放缓，增速
为历届最低，占 GDP 的比例也进一步下降。

一、营业收入总额与上年持平，增速明显放缓

2015 中国能源企业 500 强营业收入总额为 19.53 万亿元，与 2014 年的 19.51 万亿元基
本持平，增长速度滑落至 0.10%，增速同比下降 4.36 个百分点。中国能源集团 500 强营业
收入总额增速自 2012 年出现明显下滑后，一直处于持续下降态势。详情见图 2-1。

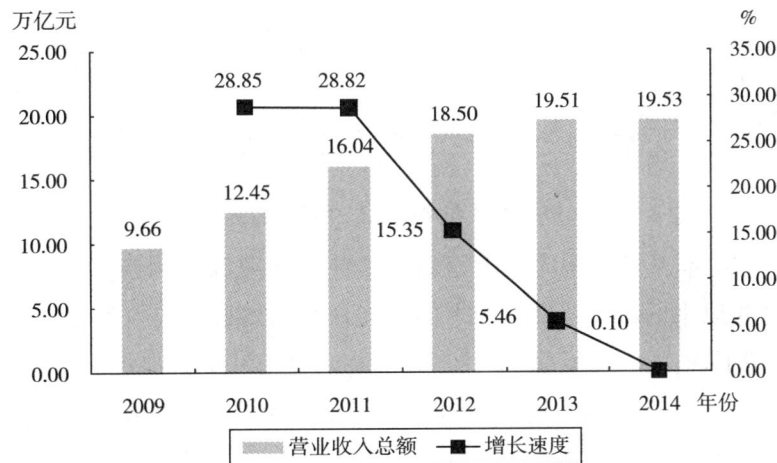

图 2-1　2009—2014 年能源集团 500 强营业收入总额及增长速度

2015 中国能源集团 500 强营业收入总额增速下降，一方面是受经济增速整体下降的影
响，另一方面与能源集团 500 强内部结构有关。在历届能源集团 500 强的构成中，传统能源

企业和新能源企业的比例虽时有变化，但传统能源企业营业收入占营业收入总额的比重始终在 60% 以上。2015 中国能源集团 500 强的统计显示，传统能源市场份额受挤压，但基本格局尚未改变。2015 中国能源集团 500 强行业分布与上年相比有一些新的变化，但基本格局没有改变。2015 年，煤炭、石油行业入围企业数量合计 216 家，同比减少 4 家，降幅 1.82%；营业收入总额 124 344.82 亿元，同比减少 352.93 亿元，降幅 0.28%。以煤炭、石油为代表的传统能源企业数量占"500 强"的比重在 41%～45% 小幅波动，营业收入比重则在 60%～65% 来回波动。

2014 年受煤炭、石油、电力市场需求下降的影响，传统能源企业的发展受到一定程度的限制。石油领域，2014 年，国际原油价格上半年高位震荡，下半年单边大幅下挫，第四季度更是出现断崖式下跌。随着国际原油价格下降，2014 年下半年国内 11 次下调成品油价格。此外，石化产品需求增速降低，价格下跌。在一系列因素影响下，连续六届蝉联榜单前两名的中国石油化工集团公司（以下简称中石化）和中国石油天然气集团公司（以下简称中石油）首次出现营业收入下降的情况。2014 年，中石化和中石油营业收入分别为 2.89 万亿元和 2.73 万亿元，同比分别下降 1.87% 和 1.06%。合计减收 884.88 亿元人民币。中石化、中石油历年营业收入增速变化情况详见图 2-2。

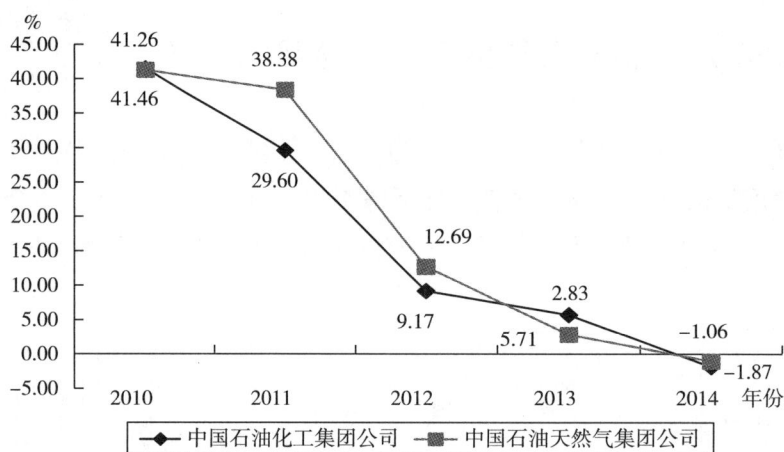

图 2-2　2010—2014 年中石化、中石油营业收入增长率

煤炭行业，2014 年，国内煤炭企业面临需求疲软和能源结构调整的双重压力，煤炭价格延续了自 2013 年以来的跌势，供过于求的局面短期内难以扭转。数据显示，2014 年我国主要耗煤行业消费下降。据主要耗煤产品产量测算，电力、钢铁、建材三个行业耗煤同比下降 3.4%、1.4%、1.1%。2014 年非化石能源占一次能源消费比重从 2013 年的 9.8% 提升到 11.1%，煤炭比重从 66% 降至 64.2%。由于国内煤炭企业情况复杂，去产能过程艰难。2014 年国家发展改革委等有关部门召开多达数十次煤炭行业脱困会议，着力化解过剩产能。作为央企和国内最大的煤炭企业，神华集团有限公司主动减产，2014 年，神华集团营业收入下降 429.16 亿元人民币，降幅 11.6%。

电力行业、传统火电企业也面临需求下降和价格下降的双重压力。2014 年全国全社会用电量同比增长 3.8%，增速同比回落 3.8 个百分点。全国火电发电量同比下降 0.7%。
2014 年下半年，国家发展改革委下调了燃煤发电企业上网电价，受量价双降的影响，以火电为主的五大发电集团除中国华电集团公司外均为负增长，其中中国国电集团公司营业收入减少 194.08 亿元人民币，降幅 8.34%，跌出前十名之外。

上述行业龙头企业营业收入的下降影响了 2015 中国能源集团 500 强营业收入总额的整体表现。

二、营业收入总额占 GDP 比重降幅扩大

2015 中国能源集团 500 强营业收入总额占当年国内生产总值的比重为 30.68%，同比下降 2.49 个百分点。历届能源集团 500 强营业收入在 GDP 中的占比详见图 2 – 3。

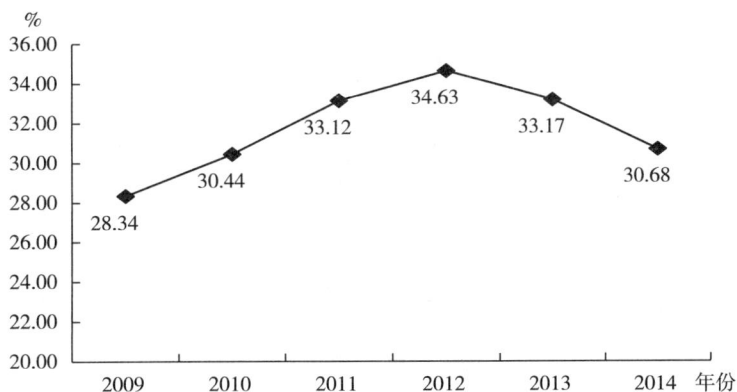

图 2 – 3　2009—2014 年能源集团 500 强占当年 GDP 比重

"500 强"营业收入占 GDP 比重下降，主要是受经济增速下降和结构调整的影响。能源作为国民经济发展的基础资源和重要生产要素，其供求受经济增速和经济结构的双重影响。新常态下中国经济呈现出以下三个主要特点：一是从高速增长转为中高速增长。二是经济结构不断优化升级，第三产业、消费需求逐步成为主体。三是从要素驱动、投资驱动转向创新驱动。

（一）能源消费需求增幅下滑

经济发展进入新常态，一方面全社会对能源消费需求减弱，能源消费的增速下滑，另一方面产业结构调整取得显著成绩，高耗能产业比重降低。根据国家统计局发布的数据，2014 年全年能源消费总量为 42.60 亿吨标准煤，同比仅增长 2.2%，创自 2000 年以来的最低水平，耗能少的第三产业在 GDP 中的比重超过第二产业，上升至 48.2%。

（二）能源利用效率提高

随着绿色发展理念的倡导以及科技水平的提升，我国能源的利用效率显著提高，2014 年全国单位国内生产总值能耗下降 4.8%，降幅同比提高 1.1 个百分点。

三、行业集中度进一步提高

2015 中国能源集团 500 强中营业收入超过千亿元的企业 33 家，比上年增加 1 家，其中电力 9 家，煤炭 15 家，石油 7 家，综合 2 家。国家开发投资公司、新疆广汇实业投资（集团）有限责任公司成为千亿级企业俱乐部的新成员，中国中煤能源集团有限公司则由千亿级行列退入百亿级行列。

千亿级以上企业营业收入总额占"500 强"的比重同比增加 0.59 个百分点，由 2009 年的 58.73% 上升到 2014 年的 74.35%，行业集中度在过去 6 年中有了大幅提升。历届能源集团 500 强千亿级以上企业变化情况详见图 2-4。

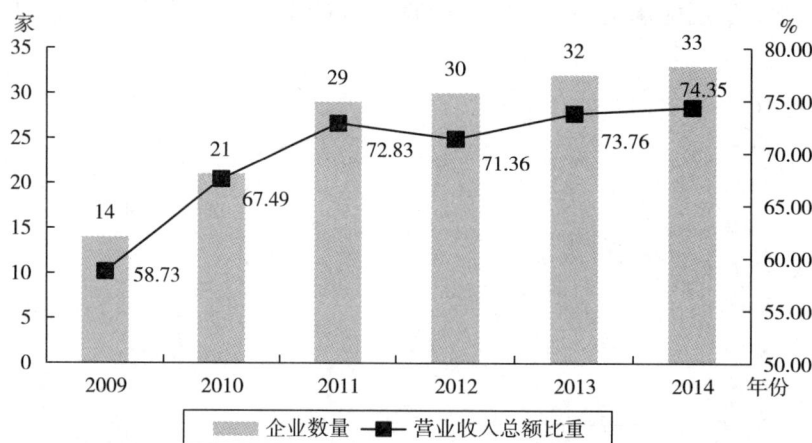

图 2-4　2009—2014 年千亿级以上企业数量和营业收入总额

能源行业集中度持续提高一方面是受市场运行规律的影响，市场竞争促进了企业兼并收购的步伐。另一方面是受政府行政行为的影响，主要是指政府主导的行业整合。例如，15 家煤炭企业中，河南能源化工集团有限责任公司、山东能源集团有限公司、晋能有限责任公司、中国平煤神马能源化工集团有限责任公司等 4 家均是近几年新组建的能源集团，8 家电力企业中，中国电力建设集团有限公司、中国能源建设集团有限公司是由于电力体制改革，于 2011 年新组建的集团公司。

第二节　民营企业成为新能源领域的主力军

2015 中国能源集团 500 强入围民营企业 281 家，比上届增加 9 家，国有企业 219 家，营业收入总额分别为 2.79 万亿元、16.74 万亿元，在"500 强"中的占比分别为 14.28% 和 85.72%。2015 中国能源集团 500 强统计显示，在新能源领域，民营企业无论是在数量上还是在营业收入总额上，均远超国有企业，显示出强有力的竞争优势。但从整体上看，民营企业发展速度明显落后于国有企业。

一、民营企业成为新兴能源领域的主力军

（一）80％ 的新能源企业为民营企业

2015 中国能源集团 500 强中，新能源企业数量为 75 家，其中民营企业 60 家，国有企业 15 家，前者是后者的 4 倍。从营业收入的角度看，民营新能源企业营业收入总额 36 613 321.40 万元，国有新能源企业营业收入总额 5 958 234.52 万元，前者是后者的 6 倍多。

新能源行业从一开始就是一个完全竞争的市场，在行业发展过程中经历了高峰和低谷。实践证明，民营企业适应市场的能力远高于国有企业，大部分国有企业的光伏和风电业务没能走出行业低谷，以失败退出告终。

与传统能源领域相比，新能源领域是民营企业有能力与国有企业相匹敌的领域。民营企业在传统行业中存在先天劣势，而在新能源领域和国有企业处于同一起跑线上，大有施展拳脚的机会。尽管如此，民营企业在新能源领域的发展也并非一帆风顺，近年来，随着政策支持和行业复苏，各大央企纷纷加紧布局新能源产业，大有奋起直追之势，民营企业面临的竞争压力不言而喻。

（二）90％ 的节能环保企业为民营企业

2015 中国能源集团 500 强中，节能环保企业 10 家，除中国节能环保集团公司外，其余 9 家全部是民营企业。但从营业收入规模上看，9 家民营企业的营业收入总额仅为 2 628 305.07 万元，而中国节能环保集团公司一家的营业收入就高达 4 637 760.05 万元，前者不到后者的 60％。

二、民营企业发展速度低于国有企业

民营企业大部分集中在新兴能源领域和市场竞争充分的电力、石油装备领域，企业规模相对较小，发展速度受市场环境变化影响明显。2015 中国能源集团 500 强民营企业行业分布情况详见图 2 - 5。

统计显示，中国能源集团 500 强中民营企业的数量在 2010 年超过国有企业，此后历届 500 强中民营企业数均保持在比国有企业略高的水平，详见图 2 - 6。但民营企业发展速度明显低于国有企业，具体表现为国有企业和民营企业平均营业收入差距逐年扩大。2014 年国有企业营业收入均值为 764.32 万元，民营企业营业收入均值为 99.20 万元，二者相差 665.12 万元，2013 年该差值为 638.66 万元，2012 年为 604.66 万元，2011 年为 583.87 万元，2010 年为 440.30 万元，如图 2 - 7 所示。

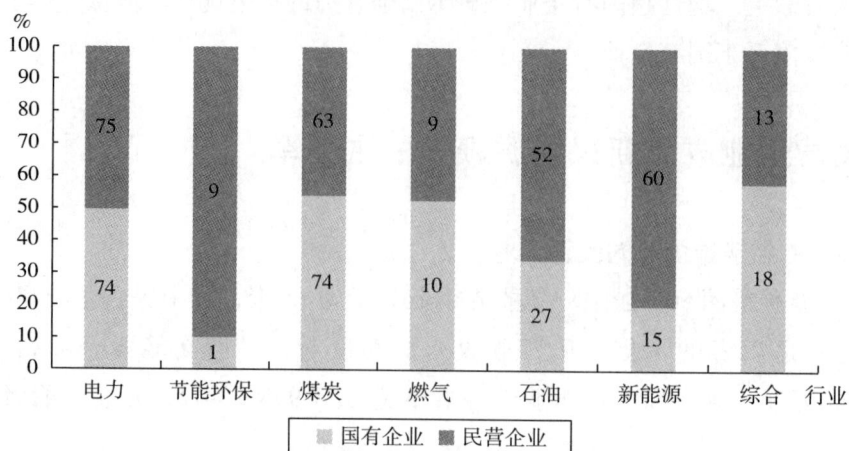

图 2 – 5　2015 中国能源集团 500 强民营企业行业分布情况

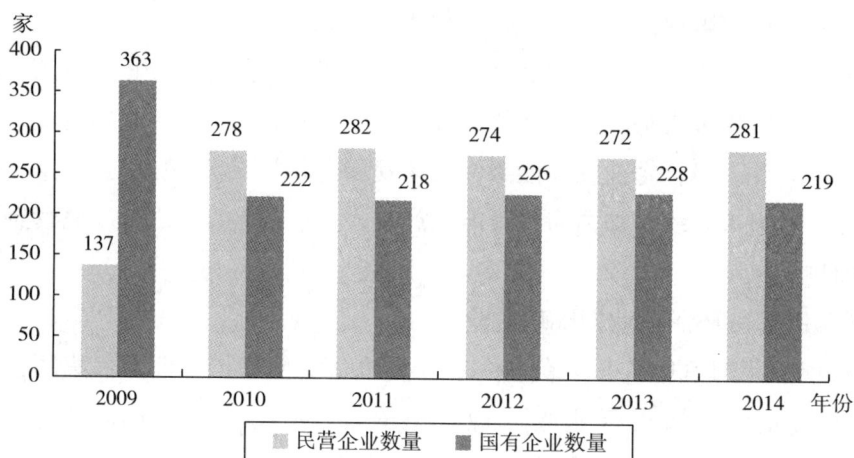

图 2 – 6　2009—2014 年能源集团 500 强民营企业和国有企业数量对比情况

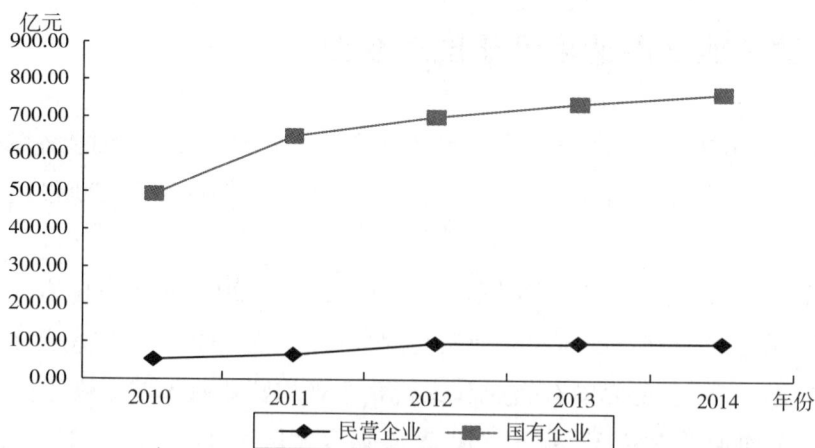

图 2 – 7　2010—2014 年能源集团 500 强民营企业和国有企业平均营业收入情况

第三节　区域分布不均衡

一、2015 中国能源集团 500 强地区分布情况

2015 中国能源集团 500 强企业涵盖了除西藏外的所有省、市、自治区。按照企业入围数量从多到少排名，2015 中国能源集团 500 强入围企业数量排名第一的依然是山东，江苏取代广东位居第二，北京市仍排在第三，入围企业数量分别为 49 家、42 家、40 家。前十名的其他地区依次为广东、浙江、山西、内蒙古、河北、河南、上海，入围企业数量分别为 39 家、34 家、25 家、24 家、20 家、18 家、18 家。除上述地区外，入围企业数达到两位数的还包括黑龙江、辽宁、云南等 6 个省、市、自治区；其余 13 个省、市、自治区的入围企业数量均不到 10 家。详情见表 2 - 1。

表 2 - 1　2015 中国能源集团 500 强各省、市、自治区入围企业数量　　　单位：家

省、市、自治区	2015 年企业数	比上年增加企业数
山东	49	1
江苏	42	8
北京	40	1
广东	39	1
浙江	34	- 8
山西	25	- 1
内蒙古	24	- 1
河北	20	2
河南	18	- 1
上海	18	- 1
香港	18	0
黑龙江	16	- 3
辽宁	15	- 2
云南	14	4
安徽	12	3
陕西	11	- 1
四川	10	- 4

省、市、自治区	2015 年企业数	比上年增加企业数
天津	10	−1
广西	9	−1
湖南	9	1
新疆	9	2
江西	9	4
海南	8	0
宁夏	7	−1
甘肃	7	0
福建	7	2
吉林	6	0
湖北	5	−2
贵州	4	−1
重庆	3	−1
青海	2	0

从入围企业数量增减情况看，江苏省增加企业数最多，同比增加 8 家，其次是云南、江西，均同比增加 4 家；企业数量减少最多的省份为浙江，较上年减少 8 家，其次为四川，减少 4 家。其他省、市、自治区入围企业数量较上年无显著变化。

从排名升降情况看，江西省排名上升最多，比上年上升 5 个名次，其次是安徽省，较上年上升 4 个名次。浙江、湖北、四川成为该届名次下降较多的，均比上年下降 3 个名次。其他省、市、自治区排名较上年无显著变化。

二、区域呈梯级分布

全国七大区域（不包含西藏自治区）在入围企业数和企业营业收入总额方面均呈现出三级梯度效应。从企业数量来看，华东和华北地区属于第一梯队，企业数超过百家；华南地区属于第二梯队，企业数 70 多家；其他区域属于第三梯队，企业数 30 多家。从区域营业收入总额看，华北地区属于第一梯队，营业收入总额 140 206.14 亿元；第二梯队包含华东、华南两大区域，营业收入总额在万亿元以上；剩余区域属于第三梯队，营业收入总额不足万亿元。详情见表 2-3。"500 强"区域间的营业收入差距基本上反映了各区域间经济发展水平的差距，后者也是前者的关键因素之一。例如，经济发展相对落后的东北以及西南地区均落入了第三梯队，二者的资源优势在这里并没有体现。

表 2-2 2015 中国能源集团 500 强区域分布情况

区域	省、市、自治区	数量（家）	营业收入（亿元）	平均营业收入（亿元）
华北地区	北京	40	115 979.87	
	天津	10	1 133.14	
	河北	20	5 195.52	
	山西	25	14 854.90	
	内蒙古	24	3 042.98	
	区域合计	119	140 206.41	1 178.21
华东地区	上海	18	4 047.10	
	浙江	34	4 486.11	
	江苏	42	3 133.42	
	福建	7	608.86	
	安徽	12	2 101.01	
	山东	49	9 449.79	
	江西	9	411.56	
	区域合计	171	24 237.85	141.74
华中地区	河南	18	4 533.23	
	湖北	5	464.50	
	湖南	9	304.44	
	区域合计	32	5 302.17	165.69
华南地区	广东	39	7 789.78	
	广西	9	969.76	
	海南	8	128.88	
	香港	18	3 594.35	
	区域合计	74	12 482.77	168.69
西南地区	重庆	3	374.84	
	四川	10	828.50	
	贵州	4	360.33	
	云南	14	897.02	
	区域合计	31	2 460.69	79.38
西北地区	陕西	11	4 449.18	
	甘肃	7	315.91	
	青海	2	142.62	
	宁夏	7	541.71	
	新疆	9	1 805.85	
	区域合计	36	7 255.27	201.54
东北地区	黑龙江	16	1 096.21	
	吉林	6	234.16	
	辽宁	15	1 986.80	
	区域合计	37	3 317.17	89.65
	全国	500	195 262.33	390.52

三、各省企业规模差异较大

2015 中国能源集团 500 强统计显示，大企业多集中在北京、山西、陕西等地。从营业收入总额来看，北京企业营业收入总额 115 979. 87 亿元，排名第一，是第二名山西的 7. 8 倍，占"500强"营业收入总额的 59. 40%。排名靠后的 21 个省、市、自治区营业收入额之和仅占 10. 69%。

从企业平均规模看，各省、市、自治区按营业收入总额排名与按企业营业收入均值排名存在较大差异。如表 2-3 所示，仅有北京、山西、天津、宁夏等 6 个省、市、自治区的两个排名保持一致，其余地区均存在不同程度的差异。比如，营业收入总额排名第 8 的陕西省，营业收入均值排名第 3；营业收入总额排名第 3 的山东省，营业收入均值排名第 10；营业收入总额排名第 11 的江苏省，营业收入均值排名第 23。江苏省新能源企业集中，规模相对较小。

表 2-3　各省、市、自治区营业收入总额排名与营业收入均值排名

省、市、自治区	营业收入总额排名	营业收入均值排名
北京	1	1
山西	2	2
陕西	8	3
河北	5	4
河南	6	5
上海	9	6
新疆	15	7
广东	4	8
香港	10	9
山东	3	10
安徽	13	11
辽宁	14	12
浙江	7	13
内蒙古	12	14
重庆	25	15
天津	16	16
广西	18	17
湖北	23	18
贵州	26	19
福建	21	20
四川	20	21
宁夏	22	22
江苏	11	23
青海	30	24
黑龙江	17	25

省、市、自治区	营业收入总额排名	营业收入均值排名
云南	19	26
江西	24	27
甘肃	27	28
吉林	29	29
湖南	28	30
海南	31	31

第四节　行业结构出现新变化

一、传统能源市场份额下降

2015 中国能源集团 500 强行业分布与上年相比有一些新的变化，但基本格局没有改变。2015 年，煤炭、石油行业入围企业数量合计 216 家，同比减少 4 家，降幅 1.82% ；营业收入总额 124 344.82 亿元，同比减少 352.93 亿元，降幅 0.28% 。

传统能源的发展受到一定程度的限制，但依然占据主导地位，市场格局尚未根本改变。如图 2－8 所示，以煤炭、石油为代表的传统能源企业数量占"500 强"的比重在 41% ～45% 小幅波动，营业收入比重则在 60% ～65% 波动。

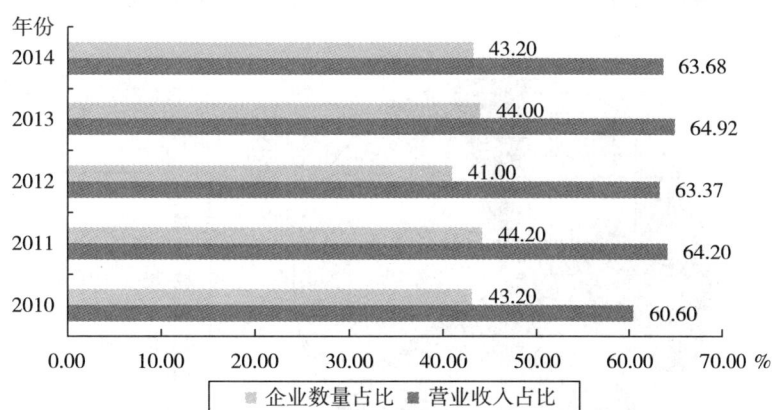

图 2－8　2010—2014 年传统能源企业营业收入额占能源集团 500 强比重

我国资源禀赋决定，在光伏等可再生能源技术未能取得突破性进展的前提下，煤炭、石油等传统能源仍然在我国能源消费中占据主体地位，未来较长时期内这一现状仍难改变。2014 年我国能源消费总量 42.6 亿吨标准煤，比上年增长 2.2% 。煤炭消费量下降 2.9% ，原油消费量增长 5.9%，天然气消费量增长 8.6%，电力消费量增长 3.8%。其中煤炭消费量占一次能源消费总量的 66.0%，石油占 17.1%，水电、风电、核电、天然气等清洁能源占 16.9%。

全国政协常委、人口资源环境委员会副主任秦大河认为，即使到 2050 年，煤炭在我国能源消费中的占比仍超过 50%。近几年，火电在我国电力生产结构中的比重下降到历史同期最低水平，但仍然占据较高份额。据统计，2014 年我国火力发电占全部发电量比重的 75.20%，同比增长 0.14%，详见图 2-9。相关研究结果表明，即使到 2030 年我国碳排放达到峰值，火力发电仍将占全国发电量的 60%。

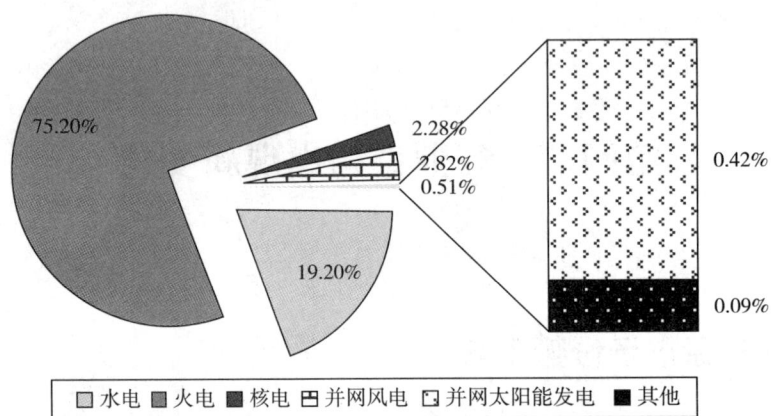

图 2-9　2014 年我国电力生产结构

二、节能环保"异军突起"

节能环保是 2015 年"500 强"表现最亮眼的一个行业。同上年相比，节能环保行业入围企业数量从 5 家增加到 10 家，实现了 100% 的增长；营业收入总额 726.61 亿元，同比增加 28.32%。

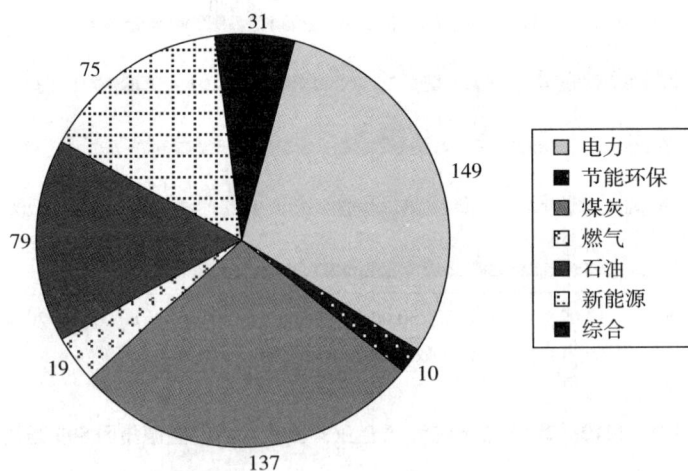

图 2-10　2015 中国能源集团 500 强中各行业的家数

（一）节能环保成为国家新兴战略产业

经过30多年的高速发展，我国的资源与环境承载能力已接近限值，生态环境治理问题已经到了刻不容缓的地步，节约能源资源、减少环境有害物排放逐步成为社会共识。国务院2013年8月印发《关于加快发展节能环保产业的意见》（以下简称《意见》）。《意见》指出：资源环境制约是当前我国经济社会发展面临的突出矛盾；解决节能环保问题，是扩内需、稳增长、调结构，打造中国经济升级版的一项重要而紧迫的任务。《意见》明确了后续3年的发展目标，包括节能环保产业产值年均增速15%以上，到2015年，节能环保产业总产值达到4.5万亿元，成为国民经济新的支柱产业等。

（二）节能环保产业发展提速

在当前经济下行压力增大的形势下，包括煤炭、钢铁、水泥，建材等在内的传统行业发展速度放缓，甚至负增长，而节能环保产业迎来发展新机遇，发展速度遥遥领先于其他行业。2014年我国节能环保产业产值达到3.7万亿元，比2010年增长了85%，"十二五"年均增速超过20%，远高于传统产业和国内生产总值的增长率。

节能环保产业承担着扩内需、稳增长、调结构的重任，是国家重点培育的新兴战略产业。按照目前的发展趋势以及产业规划，未来我国节能环保产业在较长时间内仍将保持15%~20%的增长速度。业内人士预测，到2020年，我国节能环保产业产值规模将超过10万亿元。

（三）节能环保成为支柱产业的道路仍漫长

我国节能环保产业尚处于发展初级阶段，到成为国家支柱产业还有一定距离。

首先，我国节能环保产业的体量尚小，产值较低，增加值占国内生产总值的比重不足2%。2015中国能源集团500强中节能环保行业营业收入比重仅为0.37%，也在一定程度上反映了节能环保产业体量尚小的现状。

其次，节能环保产业布局较为分散，各个环节间关联度较低，尚未形成完整的产业链。有关数据表明，中国每年约1.5万亿元的环保产值，被全国约3万家环保企业瓜分，环保企业高度分散，规模很小。而入围"500强"的节能环保企业，也仅有一家进入百亿元规模企业的行列，企业规模整体偏小。

再次，企业技术创新能力有待提升。创新能力较弱，核心技术和先进装备依赖进口是我国节能环保产业的主要短板。行业内完全自主的技术开发不多，形成的产品和技术专利等重大创新成果少，大型设备的成套性差，自控水平低，可靠性、通用性和产品结构设计等方面与国外产品差距较大。

最后，节能环保属于政策导向性较强的产业，并且易受其他产业影响。社会各界以及政府部门对环境问题前所未有的关注程度以及政策扶持力度催生了节能环保产业近几年的火热态势。一方面，资本的趋利性导致大量社会资本涌入，如果不能合理规划和引导，产业有过度投资的风险；另一方面，在市场需求不足和产能过剩矛盾短期难以缓解的情况下，工业企业整体利润改善空间有限，节能减排内生动力不足已成为长期和普遍的问题。此外，市场机制、政策法规、行业标准等影响节能环保产业发展的配套措施尚不完善。

三、煤炭、石油营业收入五年来首次下降

2015 中国能源集团 500 强中煤炭和石油行业营业收入总额分别为 40 569.66 亿元和 83 775.15亿元，同比下降 3.76% 和 0.84% 。煤炭、石油营业收入额增长速度近几年呈逐年下滑趋势，2014 年出现负增长，详见图 2 - 11。全球能源需求增长乏力，加之环境约束日趋强化，化石能源前景堪忧。

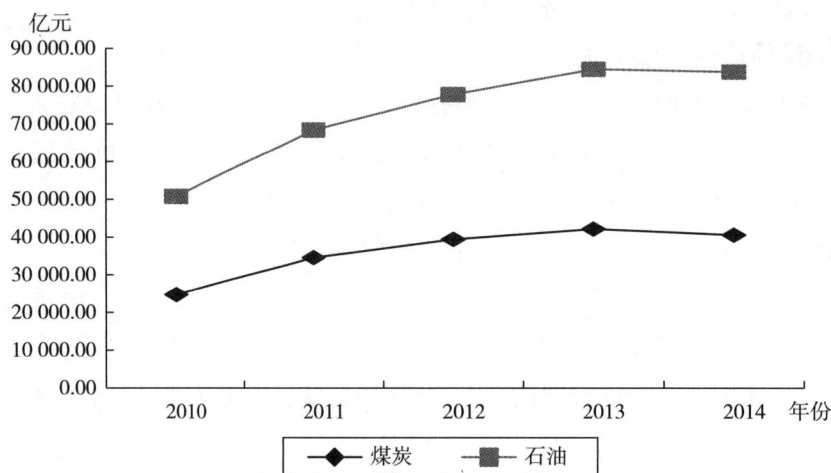

图 2 - 11　2010—2014 年能源集团 500 强中煤炭、石油行业营业收入额

（一）煤炭行业深陷寒冬

1. 煤价跌入低谷

经过数十年粗放式的发展，中国煤炭行业目前困难重重，煤炭企业举步维艰。在市场、政策的双重压力下，煤炭价格大幅下滑，截至 2014 年 12 月 24 日，环渤海动力煤价格指数 5 500K价格报收 525 元/吨，较年初 610 元/吨下跌 85 元/吨，煤炭企业利润平均下降四成。中国煤炭工业协会发布的行业报告显示，2014 年我国煤炭企业亏损面超过了 70%，30% 的煤炭企业无法正常发放工资。

2. 需求低迷

供过于求是导致煤炭价格大幅下滑的直接原因。需求侧上，一方面，我国经济发展面临诸多困难和挑战，经济发展速度明显放缓，对能源的需求整体大幅减少。另一方面，能源消费结构调整步伐加快，降低化石能源消费比重，特别是煤炭消费比重，已成为不可逆转的趋势。同时，受水电等其他电源电量增长较快影响，火电发电量同比下降 0.7%，进一步加剧了煤炭行业的困境。此外，环境问题使煤炭成为"众矢之的"，北京等地区大力推进"煤改气"工程，这对于煤炭企业来说无疑是雪上加霜。

3. 产量增长得到初步控制

供给侧上，2014 年我国煤炭产量增长势头得到一定控制，原煤产量 38.7 亿吨，同比下降2.5%，这是自国家统计局发布年报数据以来的首次下降。内蒙古、山西、陕西三大煤炭

主产区煤炭产量整体出现一定幅度下降。其中内蒙古原煤产量 90 808 万吨，同比减少 11.9%，降幅进一步加大；山西省原煤产量 97 670 万吨，同比增长 1.47%，较上年同期回落 3.44 个百分点；陕西省原煤产量 51 091 万吨，同比增长 3.63%，较上年同期回落 2.87 个百分点。另外，在国内煤炭需求疲软以及进出口政策调整等多种因素的影响下，我国煤炭进口量在连续 5 年快速增长之后首次下降。

4. 去库存压力仍大

虽然国内煤炭产量增长势头得到初步遏制，进口量也出现一定程度的回落，但是在国内煤炭市场需求低迷、前期产能集中释放、进口规模依然较大等多种因素的影响下，煤炭库存仍旧高企。数据显示，截至 2014 年 10 月末，全国煤矿煤炭库存 8 900 万吨，较年初增加 400 万吨，增长 4.7%；截至 11 月末，全国重点电厂煤炭库存 9 763 万吨，较年初增加 1 604 万吨，增长 19.7%；截至 12 月 18 日，秦皇岛港、国投曹妃甸港和国投京唐港三港煤炭库存合计 1 713 万吨，较年初增加 715 万吨，增长 71.7%。10 月末，煤矿煤炭库存，重点电厂煤炭库存，以及秦皇岛港、国投曹妃甸港和国投京唐港三港煤炭库存合计 1.98 亿吨，较年初增加 2 179 万吨，增长 12.3%。

5. 行业内部矛盾突出

当经济发展进入下行轨道，以往单纯追求产量的煤炭行业内部矛盾便暴露无遗。

首先，我国煤炭产业的集中度过低，行业竞争过度。截至 2014 年末，全国煤矿数量 1.1 万处，年产 30 万吨以下的小煤矿 7 000 多处，年产 9 万吨以下的小煤矿 5 000 多处。这些小煤矿一方面数量多，产能低，效率差，加剧了市场的无序竞争，另一方面安全事故多发，是矿难事故的重灾区。有关负责人曾表示，我国煤矿事故的 70% 发生在小煤矿，而小煤矿的产量仅占全国煤矿产量的 1/3。

其次，产能过剩问题突出。2006 年以来，我国煤炭采选业固定资产累计投资 3.27 万亿元，年均投资近 5 000 亿元，产能释放压力巨大。截至 2015 年末，全国煤矿总规模为 57 亿吨，而煤炭消费需求则明显放缓，2014 年全国煤炭消费同比下降 2.9%，2015 年同比下降 3.7%，预计 2016 年难有起色。此外，还有一些煤矿违法违规建设和生产。统计显示，2014 年全国煤炭产量超公告能力 6.1 万吨，违法违规建设煤矿总规模每年约 7 亿吨，加剧了供需平衡矛盾。

最后，企业负担重。我国煤炭企业人员多，生产效率低。2013 年末，我国煤炭产业人均产量只有 602 吨/年，与美国和澳大利亚人均产量 1 万吨相比，差距依然很大。此外，我国老国有煤矿大多有"企业办社会"等社会服务职能，比如"三供一业"、学校、医院等，这些服务机构成立时间久，资产规模大，人员众多，一般不具备盈利能力，需要上级的煤炭集团进行补贴，给企业带来沉重负担，特别是在当前煤炭行业不景气、企业经营困难的情况下，成为拖累企业的沉重包袱。

（二）成品油价十连跌

1. 原油产量、进口量均创新高

2014 年我国原油产量 2.1 亿吨，仅较上年增加 0.6%，增幅较过去两年有所下降，但产量依然达到历史最高水平。原油进口量 3.1 亿吨，再创历史新高，增速为 9.5%，较上年提高 5.4 个百分点。

2. 石油消费进入慢速增长阶段

2014 年我国石油表观消费量 5.30 亿吨，同比增长 3.36%，进入慢速增长阶段，成品油表观消费量 2.69 亿吨，增长 2.0%，消费结构发生较大变化。截至 2014 年末，我国汽车保有量新增 1 707 万辆。目前全国机动车保有量达 2.64 亿辆，其中汽车 1.54 亿辆。受汽车产业发展拉动，汽油消费需求大幅增加，同比增长 8.3%。煤油消费量也有较大幅度增加，同比增幅达 3.8%。柴油则由于经济结构调整、工业活动减少、环保要求提高等因素影响，成为三大油品中消费需求最弱的一个，表观消费量下降 3.9%。

3. 成品油价十几次下调

为了进一步完善成品油价格形成机制，国家发展改革委于 2013 年 3 月 26 日印发了《国家发展改革委关于进一步完善成品油价格形成机制的通知》（发改价格〔2013〕624 号，以下简称《通知》），根据《通知》要求，2014 年 1 月 10 日国内首个调价窗口开启，国家发展改革委决定将汽油、柴油价格每吨分别降低 125 元和 120 元，测算到零售价格 90 号汽油和 0 号柴油（全国平均）每升分别降低 0.09 元和 0.10 元。自此到 2014 年末，国家发展改革委对成品油价格进行了 18 次调整，下调 14 次，上调 4 次。汽油由年初的 9 210 元/吨降至 7 175 元/吨，全年下降 2 050 元/吨；柴油价格由 8 385 元/吨降至 5 600 元/吨，全年油价下降 2 205 元/吨。国际原油价格也从下半年开始由 100 美元/桶左右的价格一路暴跌至 56 美元/桶。下半年原油价格大幅下跌，一方面刺激了我国原油进口及加工量的增长，另一方面带动了原油加工量的增长。数据显示，2014 年我国原油进口量为 3.1 亿吨，同比增长 9.5%，较上年增加 5.4 个百分点；全年原油加工量为 4.97 亿吨，同比增长 4%。

4. 石油对外依存度逼近六成

2014 年我国石油表观消费量超过 5 亿吨，实际消费增速维持低位。但石油进口继续增长，全年石油净进口超 3 亿吨，同比增长 5.7%，石油对外依存度逼近六成。作为全球最大的石油进口国，低油价极大地降低了中国的石油进口成本，因此在油价未能回归高位之前，中国石油的对外依存度还将继续提高。当然，油价的波动性较强，未来也不排除油价大幅上涨的可能，这将会给中国经济带来较大幅度的负面影响。

四、燃气、新能源"逆风前行"

2015 中国能源集团 500 强燃气行业入围企业数量同比增加 1 家，增幅 5.56%；新能源同比增加 6 家，增幅 8.75%。营业收入方面，燃气实现营业收入 1 884.84 亿元，同比增加 315.42 亿元，增幅 20.10%；新能源实现营业收入 4 257.16 亿元，同比增加 705.65 亿元，增幅 19.87%。燃气、新能源占"500 强"的营业收入比重也有较大幅度提高，占比分别为 0.97% 和 2.18%，同比分别增加 0.16 个和 0.36 个百分点。

受国际减排公约和国内环境保护等因素的影响，降低化石能源消费比重已成为社会共识。按照《能源发展战略行动计划（2014—2020 年）》提出的目标，到 2020 年我国非化石能源占一次能源消费比重达到 15%，天然气比重达到 10% 以上，煤炭消费比重控制在 62% 以内。同时，中国政府在相关国际公约中承诺，将于 2030 年前后使二氧化碳排放达到峰值并争取尽早实现，2030 年单位国内生产总值二氧化碳排放比 2005 年下降 60%~65%，非化石能源占一次能源消费比重达到 20% 左右。在此背景下，太阳能、燃气（主要指天然气）等清洁能源迎来了良好发展机遇。

（一）燃气行业"忧喜参半"

长期以来，天然气作为优质气体能源在我国是短缺的，而近年来随着国家能源结构调整力度的加大，天然气的供需形势有所好转，管网、储气站等储运设施建设进入高潮期。

首先，天然气供给能力大幅提升。一是天然气勘探开发力度不断加大，2014 年新探明地质储量超过 5 000 亿立方米，生产天然气 1 329 亿立方米，其中常规天然气 1 280 亿立方米，同比增长 9.8%。此外，煤层气、页岩气、煤制气等非常规天然气的勘探开发也取得新进展，其中煤层气产量 36 亿立方米，同比增长 23.3%，页岩气产量 13.3 亿立方米，煤制气产量 7.9 亿立方米。

其次，管网等配套设施建设势头强劲。随着我国天然气消费量的快速增长，油气管道行业也进入了加速发展阶段。截至 2014 年末，我国境内建成油气长输管道（不包括 LPG 管道）10.53 万千米（是 2005 年的 2.36 倍），其中原油长输管道约 2.53 万千米，成品油长输管道约 2.12 万千米，天然气长输管道 5.87 万千米，初步形成了"西油东送、北油南运、西气东输、北气南下、海气登陆"的油气运送格局。新建主干管道包括西气东输三线、中俄天然气管道东线境内线、新疆煤制气管道、中海油煤制气管道、西气东输四线西段、西气东输五线，主要投产的管道包括中亚天然气管道 C 线、西三线西段、中贵联络线陇南支线、中缅天然气管道支线等。同时，地下储气库建设也取得了阶段性进展。中国是世界第三大天然气消费国，而储气库调峰容量占天然气消费量的比重仅为 2% 左右，与欧美国家百分之十几的水平相比差距甚远。中国从 1999 年开始筹建第一座调峰储气库——大张坨储气库，随着国内骨干管网的建成投产，国家开始积极推进地下储气库建设，目前已有 22 座地下储气库投产，设计工作容量达到 158 亿立方米，但是有效的工作容量仅 40 亿立方米，地下储气库真正达到设计有效工作容量还需要 8~10 年，届时地下储气库将发挥重要的调峰作用。

然而，2014 年我国天然气表观消费量 1 830 亿立方米，消费增速降至近十年来最低，仅为 8.9%。主要原因：一是经济增长速度放缓，对能源的消费需求增速下滑，天然气也受到影响。二是国际原油和煤炭价格持续下跌，天然气的价格相对优势下降。继 2013 年国家发展改革委第一次上调天然气门站价格之后，2014 年 8 月，国家发展改革委发布《国家发展改革委关于调整非居民用存量天然气价格的通知》，对天然气门站价格进行第二次上调。自 2014 年 9 月 1 日起，非居民用气存量气价格均上调 0.4 元/立方米（广东、广西非居民用气价格上调 0.12 元/立方米）。天然气门站价格进一步上升，加之国际原油价格在 2014 年出现持续大幅下跌，燃料油和液化石油气（LPG）的价格跟随原油大幅下挫，天然气的经济替代性迅速下降，天然气推广难度加大。此外，天然气储运基础设施发展滞后，储气调峰能力不足，也在一定程度上制约了天然气消费。但从长期来看，我国天然气发展潜力巨大。《中国能源展望2030》发布的数据显示，2014 年中国人均天然气消费量为 135 立方米，不足全球人均水平的30％，仅为 OECD 国家人均消费量的 1/9 左右；2014 年天然气占一次能源消费的比例仅约 6％，远低于全球平均 24％的比例。鉴于此，我国天然气还有较大的发展空间。

（二）新能源全面回暖

我国新能源产业延续上一年的复苏态势，2014 年全面回暖，保持平稳较快发展。

1. 风电强劲复苏

新增装机容量居全球首位。根据全球风能理事会《2014 全球风电装机统计数据》，2014 年全球新增风电装机容量 5 147.7 万千瓦，同比增长 44％。其中中国新增装机容量 2 335.1 万千瓦（见图 2 – 12），占全球新增装机的 45％，居全球首位；美国和德国位列第二、第三，占全球新增装机比例分别为 18％和 11％。2014 年全国风电新增并网容量为 1 981万千瓦，同比增长 36.7％，累计并网容量 9 637 万千瓦，同比增长 26％。并网风电发电量为 1 563亿千瓦时，占全国全口径发电量的比例从 2013 年的 2.6％上升至 2014 年的 2.8％。

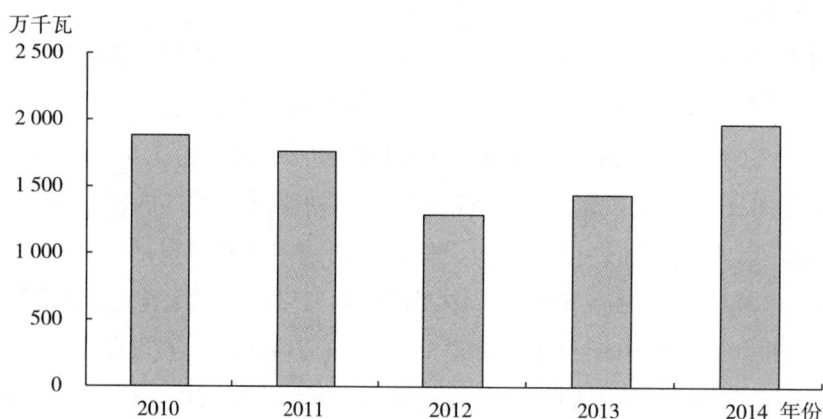

图 2 – 12　近五年风电新增装机容量

核准、开发速度加快。2014 年 2 月，国家能源局发布《关于印发"十二五"第四批风电项目核准计划的通知》，第四批列入核准计划的项目共计 445 个，总装机量 2 760 万千瓦。从核准手续的完成情况来看，2014 年全国风电开发速度明显加快。根据国家能源局的统计信息，截至 2014 年末，上述第四批核准计划的项目在 10 个月之内已经有 50％完成了核准手续。2014 年新增风电核准容量 3 600 万千瓦，同比增加 600 万千瓦，累计核准容量 1.73 亿千瓦，累计核准在建容量 7 704 万千瓦，同比增加 1 600 万千瓦。此外，受价格政策调整影响，2014 年部分地区出现了抢装潮。

弃风率显著下降。得益于国家政策支持、内陆低风速地区风电装机的大幅增加，以及受2014 年全国来风情况普遍偏小的影响，除"三北"地区外，我国弃风限电问题得到显著改善。根据国家能源局统计信息，2014 年我国弃风率由 2013 年的 11％降至 8％。分区域来看，浙江、福建、四川、云南等南方低风速地区基本没有弃风，发电利用小数达到 2 200 小时以上，特别是云南高达 2 511 小时。但在传统的"三北"以及新疆地区，由于新增并网容量较多，2014 年弃风率达到 15％。

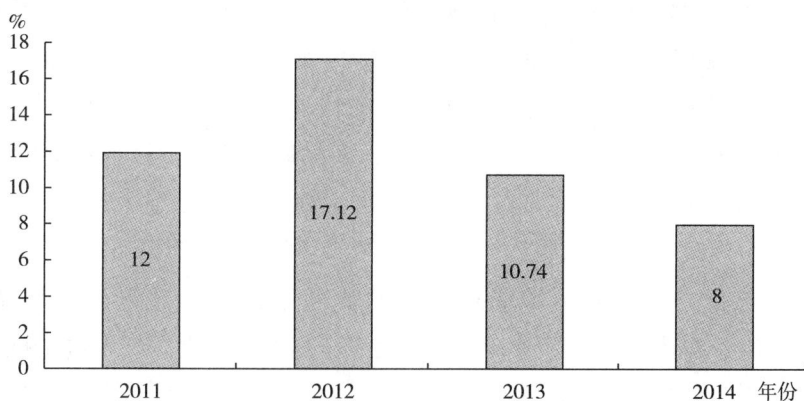

图 2-13　近四年我国风电弃风率

市场集中度进一步提升。风电产业制造能力和集中度进一步增强，8 家企业风机吊装机容量超过 100 万千瓦。中国风能协会的最新排名显示，金风科技、联合动力、明阳风电、远景能源、湘电风能、上海电气、东方电气、中船重工八家企业的装机容量占总装机容量的 73%。此外，风机单机功率显著提升，2 000 千瓦机型市场占有率同比增长 9 个百分点。风电机组可靠性持续提高，平均可利用率达到 97% 以上。

2. 光伏产业总体向好

生产规模全球领先。截至 2014 年末，光伏发电累计装机容量 2 805 万千瓦，同比增长 60%，其中，地面光伏电站 2 338 万千瓦，分布式 467 万千瓦，年发电量约 250 亿千瓦时，同比增长超过 200%。2014 年新增装机容量 1 060 万千瓦，约占全球新增装机的 1/5。事实上，不只在产业终端，我国光伏产业链各环节的生产规模均世界领先。中国光伏行业协会的数据显示，2014 年我国多晶硅产量 13.2 万吨，同比增长 57.1%，占全球产量的 43%；前十家企业产量占比达 91%，前五家占比 77%，行业集中度较高。2014 年我国硅片生产数量近 88 亿片，产量达 3 800 万千瓦，同比增长 26.7%，占全球产量的 76%（不含台湾地区）。前十家企业产量占比达 77%，前五家占比 58%。此外，市场占有率上，多晶硅片仍然遥遥领先，多晶硅片与单晶硅片的比例约为 83∶17。2014 年我国电池片产量达 3 300 万千瓦，同比增长 31.5%，占全球产量的 59%（不含台湾地区）；前十家企业产量占比 52%，产业集中度较低。多晶与单晶电池的比例在 87∶13 左右。2014 年我国光伏组件产量达 3 500 万千瓦，同比增长 27.7%，占全球产量的 70%（不含台湾地区）。前十家企业产量占比 56%，产业集中度有待进一步提高。多晶与单晶电池的比例为 88∶12 左右。

产能利用率大幅提升。随着光伏系统主要部件成本的大幅下降及补贴机制的逐渐完善，我国光伏应用市场也逐渐被打开。从 2013 年开始，政府部门密集出台光伏度电补贴、项目备案制、上网标杆电价、增值税减半等一系列扶持政策，光伏行业内部存在的部分环节结构产能过剩问题已经得到不同程度的缓解，各环节的产能利用率显著提升。目前，我国多晶硅行业产能利用率达到 84.6%；硅片行业整体产能利用率在 72% 以上，前十家企业产能利用率在 85% 以上；电池片行业整体产能利用率略低于 70%，但前十家企业产能利用率在 85%

以上；组件生产企业产能利用率分化趋势越发明显，行业前十家企业产能利用率近 90%，而产能较低企业的产能利用率不足 50%，导致组件行业整体产能利用率较低。

光伏技术水平不断提升。随着我国光伏产业的快速发展，企业自主研发能力也不断增强，产业各环节均有新技术的研发和应用。例如，多晶硅生产环节，成本更低的流化床法即将规模化量产；硅片生产环节，更加先进、环保的金刚线切割已经大规模应用于单晶硅片，多晶硅片切割也已小规模应用；电池生产环节，多次印刷技术、PERC 技术、黑硅技术等已在使用或着手研发。除此之外，我国产业化生产的普通结构多晶硅电池平均转换效率达到 17.8%，单晶硅电池平均转换效率达到 19.3%，处于全球领先水平。技术进步推动我国光伏企业生产成本继续下降。多晶硅生产成本降至 15 美元/千克，先进光伏企业的晶硅组件生产成本已降至 0.46 美元/瓦，系统装机成本降至 8~9 元/瓦，部分分布式装机甚至降至 6 元/瓦。

出口额创纪录。2014 年，我国太阳能光伏电池进出口总额 182.8 亿美元，同比增长 15.09%。其中，出口额 144.1 亿美元，同比增长 17.27%；进口额 38.7 亿美元，同比增长 7.62%。出口区域更加多元化，对欧美地区出口份额降幅较大，对亚洲、拉美等新兴市场的出口显著增长。日本、美国、荷兰成为我国太阳能光伏电池出口的前三大市场，出口份额分别为 33.86%、15.04% 和 7.64%。此外，英国受补贴政策调整影响，在下半年引发了抢装潮，导致中国光伏产品对该市场出口的激增。

问题依然突出。一是弃光问题仍然突出。在电力需求持续疲软的情况下，弃光风险高企，部分地区弃光率达到 20% 以上。解决弃光难题虽然有技术上的障碍，但最主要的是解决来自市场的矛盾，即如何在电力需求增速放缓的情况下，消纳每年快速增长的可再生能源发电量。二是贸易摩擦严重。我国光伏产业在海外的发展取得了骄人的成绩，却屡屡遭受劫难，中国光伏产品多次遭遇"双反"调查。对此，既要看到贸易保护主义等外部因素，也要看到我国光伏产业发展的内部矛盾，即产品同质化以及无序竞争。此外，在设备制造上，由于核心技术缺失，许多高端装备仍需从国外进口，加大了我国光伏产业链下游环节的开发利用成本。

五、电力行业收入增速放缓

2015 年中国能源集团 500 强中电力行业有 149 家企业入围，较上年减少 4 家，降幅 2.61%；营业收入总额 55 759.93 亿元，增幅 3.06%。"500 强"电力行业历年入围企业数量波动较为平稳，连续 4 年保持在 150 家左右；营业收入则持续增加，但增长速度连年下滑。如图 2-14 所示，电力行业营业收入 5 年间增长了 14 911.27 亿元，增幅达 36.50%，而年增长速度由 16.03% 跌至 3.06%，下降了 12.97 个百分点。

发电企业收入减少，特别是五大发电集团收入增速下降是"500 强"电力行业营业收入增速放缓的主要原因，其根本原因也离不开当前低迷的国内经济形势。作为经济发展的"晴雨表"，电力行业的相关数据直观地反映了当前的经济状况。

营业收入下滑。中国电力企业联合会发布的数据显示，2014 年全社会用电量 55 233 亿千瓦时，同比增长 3.8%，比上年回落 3.8 个百分点，创 1998 年以来的年度最低水平；全口

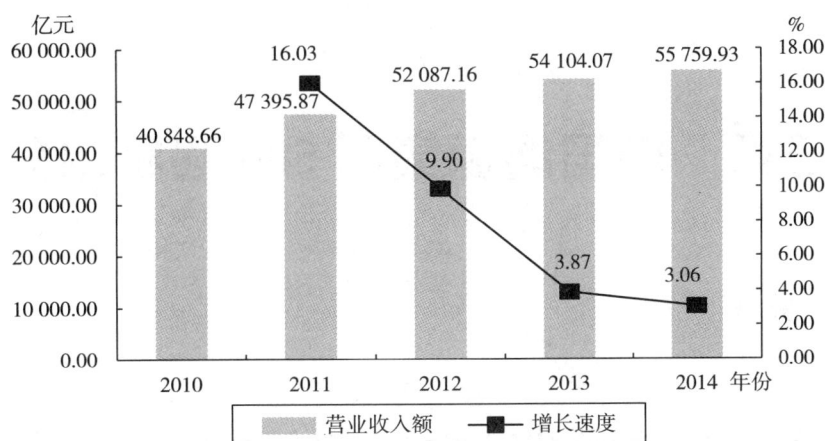

图 2 – 14　2010—2014 年能源集团 500 强电力行业营业收入额以及增长速度

径发电量 55 459 亿千瓦时，同比增长 3.6%，比上年回落 4.1 个百分点。全年发电设备平均用时为 4 286 小时，同比下降 235 小时。与此相应，2014 年，五大发电集团共实现营业收入 10 863.16 亿元，同比减少 22.24 亿元。除中国华电集团公司营业收入同比增长 6.18% 外，其余四大集团营业收入均首次出现负增长，华能、国电、大唐、中电投分别同比下降 0.38%、8.34%、2.29% 和 4.57%。

发电企业利润总额创历史新高。尽管营业收入有所下降，但受益于煤价超跌，以及水电增发、降本增效等利好因素，发电企业 2014 年的利润水平创下历史新高。2014 年五大发电集团实现利润总额约 889.78 亿元，同比增长 16.64%。如图 2 – 15 所示，除中国电力投资集团公司利润总额有所下降外，大唐、华能、国电、华电分别同比上升 12.22%、13.84%、23.40% 和 36.45%。此外，五大发电集团资产负债率较年初均有所下降。煤价超跌是 2014 年发电企业经营业绩创出历史新高最重要的原因。2014 年煤价出现两轮快速下跌，对下游的火电企业实属"重大利好"，燃料采购不同于三年前的卖方市场，普遍出现量足、质好、价低的特征。水电增发是发电行业增收的另一个重要原因。中国电力企业联合会统计显示，2014 年 11 月水电发电量 746 亿千瓦时，同比增长 23.1%，连续 5 个月高速增长。

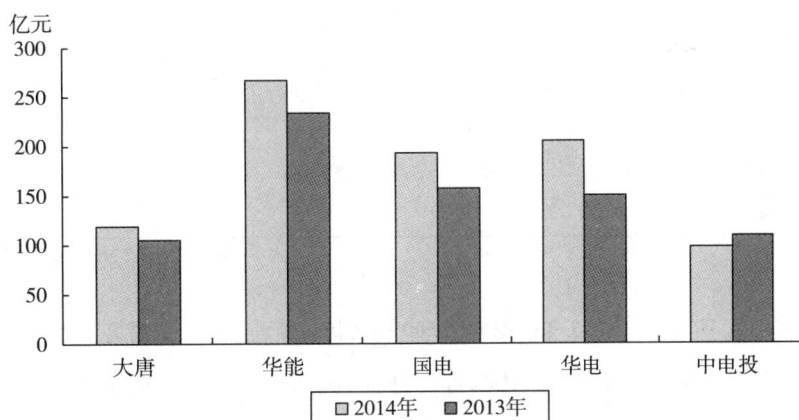

图 2 – 15　2013 年和 2014 年五大发电集团利润总额

第三章　中国能源集团 500 强榜单分析

第一节　能源结构调整影响 500 强内部结构

2015 年中国能源集团 500 强换榜的企业有 62 家。落榜企业中，民营企业 42 家，国有企业 20 家；新增入榜企业中，民营企业 51 家，国有企业 11 家。

一、清洁能源行业新增入榜率领先

新增入榜企业的行业分布情况如图 3-1 所示，电力新增入榜企业 18 家，煤炭、新能源各 13 家，石油 9 家，节能环保、燃气、综合分别为 5 家、3 家和 1 家。从新增率上看，节能环保最高，达到 50%，其次是新能源、燃气，分别为 17.33% 和 15.79%，其余行业从高到低排依次为电力、石油、煤炭和综合。可以看出，新增率基本上反映了能源结构调整对"500 强"内部行业分布的影响，即清洁能源企业比重呈上升趋势。

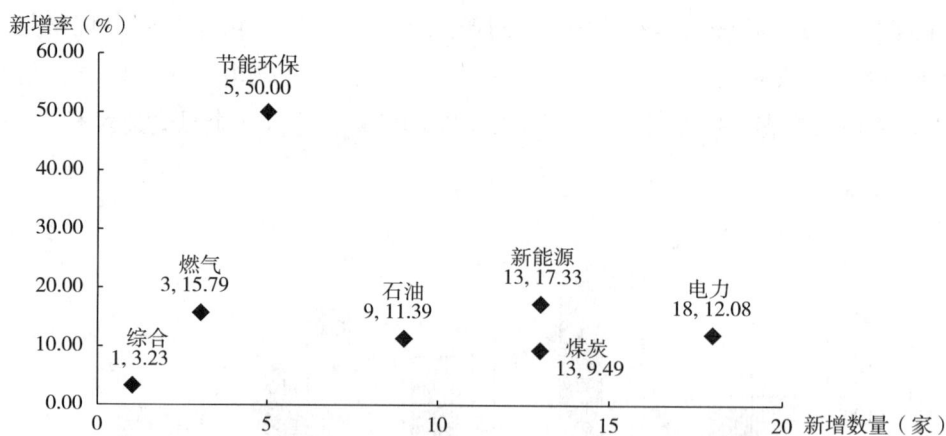

图 3-1　2015 年能源集团 500 强各行业新增入榜企业情况

新增入榜企业有 2 家进入榜单前 100 名，分别为天津俊安煤焦化工有限公司、福佳集团有限公司，两家企业分别入围"2015 年中国民营企业 500 强"和"2015 年中国企业 500 强"。前者主营业务为煤炭、焦炭、有色金属及矿产品批发兼零售，生铁、铁合金的深加工、分选、销售及相关的服务。后者是一家业务涉及地产开发、石化产业、商业运营、金融投资、物业管理、酒店服务、贸易经营的多元化大型企业集团。其余企业有近一半排在 400 名以后，以民营企业为主。值得一提的是，三家能源装备制造企业——上海创立集团股份有限公司、苏州道森钻采设备股份有限公司、广州白云电气设备股份有限公司分别于 2015 年 3 月、2015 年 12 月和 2016 年 3 月完成上市，进入新的发展阶段。

表 3 - 1　2015 年能源集团 500 强新增入榜企业名单

2015 年排名	企业名称	2015 年排名	企业名称
63	天津俊安煤焦化工有限公司	390	信义光能控股有限公司
81	福佳集团有限公司	394	南阳石油二机装备（集团）有限公司
101	宜昌兴发集团有限责任公司	398	河南亿星实业集团有限公司
109	正和集团股份有限公司	419	河南丰麟实业集团有限公司
139	翔鹭石化股份有限公司	427	延安车村煤业（集团）有限责任公司
150	国家核电技术有限公司	428	河北华通线缆集团有限公司
155	新疆中泰（集团）有限责任公司	429	株洲时代新材料科技股份有限公司
189	中天科技集团有限公司	431	深圳科士达科技股份有限公司
197	新能源科技有限公司	434	上海创立集团股份有限公司
203	宁波富德能源有限公司	436	山东海鑫达石油机械有限公司
218	云南云维股份有限公司	437	江西汇能电器科技有限公司
229	福建龙净环保股份有限公司	443	北京国电清新环保技术股份有限公司
239	陕西燃气集团有限公司	449	云南宣威磷电有限责任公司
262	韩华新能源有限公司	450	河南豫龙焦化有限公司
270	安徽天康（集团）股份有限公司	452	海南富山集团有限公司
272	新疆天富集团有限责任公司	453	惠州亿纬锂能股份有限公司
278	厦门海澳集团有限公司	459	山东新查庄矿业有限责任公司
295	云南曲靖麒麟煤化工有限公司	462	齐鲁电缆有限公司
300	江苏华朋集团有限公司	463	广州白云电气设备股份有限公司
320	云南富源德鑫集团有限公司	466	积成电子股份有限公司
329	山西襄矿集团有限公司	472	江西省中联能源发展有限公司
341	苏州纽威阀门股份有限公司	474	江西瑞晶太阳能科技有限公司
345	协鑫集成科技股份有限公司	476	合肥国轩高科动力能源股份有限公司
347	南京汽轮电机（集团）有限责任公司	480	苏州道森钻采设备股份有限公司
358	青岛捷能汽轮机集团股份有限公司	481	成都华气厚普机电设备股份有限公司
367	深圳市汇川技术股份有限公司	487	天津百利特精电气股份有限公司
378	双良节能股份有限公司	490	永清环保股份有限公司
379	昆明焦化制气有限公司	494	常州亚玛顿股份有限公司
381	通裕重工股份有限公司	497	江西省福斯特新能源集团有限公司
384	深圳市雄韬电源科技股份有限公司	498	徐州燃控科技股份有限公司
386	广东易事特电源股份有限公司	500	石家庄东方热电股份有限公司

二、石油行业落榜率最高

落榜企业的行业分布情况如图 3－2 所示。由于电力行业企业数量基数较大，落榜数量最多的依然为电力行业，落榜企业数达到 22 家；其次是石油和煤炭，均为 13 家，随后是新能源、综合、燃气，落榜企业数依次为 7 家、5 家和 2 家，节能环保行业无企业落榜。从落榜率上看，石油行业落榜率最高，达到 16.46%；其次是综合和电力，分别为 16.13% 和 14.77%；最后是燃气、新能源、煤炭，落榜率分别为 10.53%、9.49% 和 9.33%。

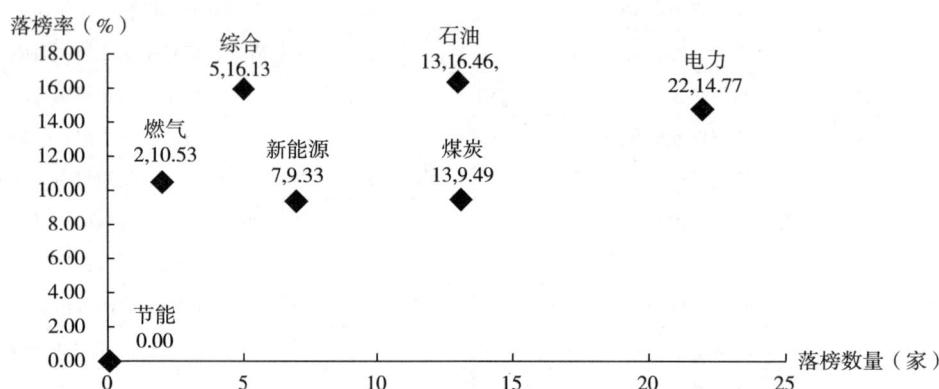

图 3－2 能源集团 500 强各行业落榜企业情况

除部分企业由于营业收入下滑落榜外，陕西省投资集团、海南富山油气化工有限公司、广东振戎能源有限公司、陕西省天然气股份有限公司、中电投远达环保（集团）股份有限公司、中电广西防城港电力有限公司、杭州电缆股份有限公司、青岛泰能燃气集团有限公司、四川岷江水利电力股份有限公司等 9 家企业由于母公司入榜而被取消评选资格。此外，天津百利机电控股集团有限公司被重组，成为天津百利机械装备集团有限公司子公司，新华联集团有限公司、东辰控股集团有限公司、方大集团股份有限公司、江苏吴江中国东方丝绸市场股份有限公司等 4 家企业由于能源行业收入在其当年收入构成中所占比重过低而落榜。

表 3－2 2015 年能源企业 500 强落榜企业名单

2015 年排名	企业名称	2015 年排名	企业名称
34	广东振戎能源有限公司	130	东辰控股集团有限公司
44	绿地能源集团有限公司	132	河南联合煤炭化工集团有限公司
50	天津百利机电控股集团有限公司	158	陕西省投资集团（有限）公司
54	新华联集团有限公司	165	博发控股集团
78	上海人民企业（集团）有限公司	173	天洁集团有限公司
95	中球冠集团有限公司	175	内蒙古恒东能源集团有限责任公司
108	登封电厂集团有限公司	196	九星控股集团有限公司
121	金澳科技（湖北）化工有限公司	197	山东润峰集团有限公司

续表

2015 年排名	企业名称	2015 年排名	企业名称
209	杭州制氧机集团有限公司	434	宜昌东阳光火力发电有限公司
210	山东石大科技集团有限公司	445	深圳市比克电池有限公司
226	河南天冠企业集团有限公司	455	深圳市拓日新能源科技股份有限公司
235	四川省威远建业集团有限公司	457	天津市中油禄祺石油销售有限公司
277	陕西省天然气股份有限公司	458	中海阳能源集团股份有限公司
278	贵州黔桂发电有限责任公司	461	江苏吴江中国东方丝绸市场股份有限公司
312	中电投远达环保（集团）股份有限公司	463	山西玉和泰煤业有限公司
329	长园集团股份有限公司	468	北票煤业有限责任公司
340	湖北天海石油集团有限公司	470	山东省岱庄生建煤矿
349	杭州电缆股份有限公司	471	四川明星电缆股份有限公司
352	中电广西防城港电力有限公司	472	四川长城国际动漫游戏股份有限公司
363	天正集团有限公司	476	海南富山油气化工有限公司
371	青岛泰能燃气集团有限公司	482	河南通达电缆股份有限公司
372	牡丹江首控石油化工有限公司	483	山东龙力生物科技股份有限公司
376	宁波东方集团有限公司	484	郑州市磴槽集团有限公司
393	方大集团股份有限公司	486	云南罗平锌电股份有限公司
398	福建闽东电力股份有限公司	488	和嘉资源控股有限公司
400	大连富生石油化工有限公司	489	浙富控股集团股份有限公司
404	杭州海兴电力科技股份有限公司	491	宁夏电投西夏热电有限公司
412	山西葫芦堂煤业有限公司	495	四川岷江水利电力股份有限公司
426	陕西汇森煤业开发有限责任公司	496	上海神开石油化工装备股份有限公司
429	浙江企赢能源化工有限公司	499	恒鼎实业国际发展有限公司
431	大庆东华油气开发股份有限公司	500	天津滨海能源发展股份有限公司

第二节　500 强企业排名变动情况

2015 年中国能源集团 500 强中，共计 441 家企业连续两届上榜，其中排名与上届相比维持不变的企业共计 25 家，上升的企业 244 家，下降的企业 172 家。排名不变的企业名单详见表 3 - 3。

表 3 - 3　2015 年中国能源集团 500 强排名不变企业一览表

2015 年排名	企业名称
1	中国石油化工集团公司
2	中国石油天然气集团公司

2015 年排名	企业名称
3	国家电网公司
4	中国海洋石油总公司
5	中国中化集团公司
6	中国南方电网有限责任公司
7	神华集团有限责任公司
8	中国华能集团公司
11	冀中能源集团有限责任公司
21	山西晋城无烟煤矿业集团有限责任公司
27	陕西煤业化工集团有限责任公司
28	中国平煤神马能源化工集团有限责任公司
37	中电控股有限公司
47	华润电力控股有限公司
68	北京能源投资（集团）有限公司
146	英利绿色能源控股有限公司
151	深圳能源集团股份有限公司
170	天合光能有限公司
177	大庆中蓝石化有限公司
265	沈阳金山能源股份有限公司
275	武汉市燃气热力集团有限公司
337	保利能源控股有限公司
353	海南省太平洋石油实业股份有限公司
402	山西乡宁焦煤集团有限责任公司
456	江苏金智科技股份有限公司

一、排名上升的企业

在 244 家排名上升的企业中，顺风国际清洁能源有限公司上升 176 个位次，上升的位次最多；其次是协鑫集成科技股份有限公司，其排名较上年上升 168 个位次；再次是汉能薄膜发电集团有限公司，其排名较上年上升 139 个位次；中国明阳风电集团有限公司，排名较上年上升 96 个名次；内蒙古远兴能源股份有限公司、欣旺达电子股份有限公司、贵州黔源电力股份有限公司均较上年排名上升 93 个位次。排名上升位次较多的前 20 家企业详见表 3 - 4。

表 3 - 4 排名上升最多的前 20 家企业 单位：万元

上升位次	2015 年排名	2014 年排名	企业名称	行业	2014 年营业收入	2013 年营业收入
176	235	411	顺风国际清洁能源有限公司	新能源	574 590.00	152 967.60
168	345	513	协鑫集成科技股份有限公司	新能源	269 927.85	55 192.74
139	199	338	汉能薄膜发电集团有限公司	新能源	758 500.71	257 445.12
96	231	327	中国明阳风电集团有限公司	新能源	587 243.90	284 483.00
93	207	300	内蒙古远兴能源股份有限公司	综合	719 972.55	339 934.52
93	276	369	欣旺达电子股份有限公司	新能源	427 918.78	213 274.79
93	372	465	贵州黔源电力股份有限公司	电力	214 711.94	101 741.66
84	160	244	四川省能源投资集团有限责任公司	综合	1 170 430.93	546 063.91
80	267	347	楼东俊安资源（中国）控股有限公司	煤炭	459 584.93	244 199.02
74	340	414	协和新能源集团有限公司	新能源	280 020.37	148 016.45
66	318	384	百色百矿集团有限公司	煤炭	306 145.00	192 393.00
64	292	356	西安隆基硅材料股份有限公司	新能源	368 016.85	228 046.06
63	219	282	兰州兰石集团有限公司	石油	660 259.00	403 815.00
63	281	344	天安电气集团有限公司	电力	410 643.00	248 066.00
60	145	205	浙江富春江通信集团有限公司	电力	1 295 065.00	808 696.71
60	399	459	山东省微山湖矿业集团有限公司	煤炭	179 025.65	103 946.91
59	119	178	阿特斯阳光电力科技有限公司	新能源	1 811 607.66	1 008 754.05
55	163	218	沈阳鼓风机集团股份有限公司	石油	1 123 583.00	696 638.63
55	327	382	江苏爱康太阳能科技股份有限公司	新能源	300 278.35	193 102.81
55	344	399	中油金鸿天然气输送有限公司	燃气	271 096.86	167 700.73

（一）顺风国际清洁能源有限公司

顺风国际清洁能源有限公司（以下简称顺风国际）2014 年收入为 57.46 亿元人民币，较 2013 年的 15.30 亿元增加 275.6%；实现毛利润 12.72 亿元，较 2013 年大幅增长约 741.0%。公司过去 5 年的财务指标详见表 3 - 5。

表 3 - 5 顺风国际近五年财务表现 单位：%

指标	2010 年	2011 年	2012 年	2013 年	2014 年
营业额增长	64.4	216.5	-46.3	44.4	275.6
毛利率	20.9	10.7	6.1	9.9	22.1
净利率	12.9	1.2	-25.6	-118.8	22.7

通过大规模并购扩张、行业整合，将业务从太阳能发电及产品制造领域进一步跨进储能装置，发展综合太阳能业务及其他清洁能源相关业务，是顺风国际清洁能源集团成为全球最大清洁能源低碳节能综合解决方案供应商目标的重要战略手段。2014 年公司充分利用行业良好的发展环境，加快了在光伏、风电等领域的布局。

1. 通过资本运作完善光伏产业链

2014 年公司成功收购及重组大型太阳能组件生产商无锡尚德，大大充实了集团在太阳能产品的制造技术及生产能力，当年太阳能产品的销售量增加 159.7% 至 323.85 万千瓦。此外，在海外，认购 Powin Energy Corporation 30% 的股权，包括其储能、调峰及快速装置技术等研发领域的先进技术，收购德国太阳能企业 S.A.G. Solarstrom AG.i.l.（S.A.G.）以提升集团在太阳能专案开发、EPC（工程、采购及施工）、太阳能电站监控，以及欧洲及美国地区运营与维护业务上的实力。S.A.G. 全资附属公司 meteocontrol GmbH（「meteocontrol」）为全球最大的独立太阳能电站监控服务供应商之一，其在民用、商业及公用领域积累了丰富的太阳能电站监控营运与维护经验，其监控量已达 980 万千瓦。

2. 积极拓展非光清洁能源领域，打造多元化业务板块

顺风国际在光伏之外的业务领域拓展也是大手笔。公司收购 8 个主要分布在吉林、河北等风力资源丰富的风力发电项目，与挪宝新能源集团签署战略合作及成立合资企业的协议，布局地源热泵清洁能源领域；收购晶能光电 51% 的已发行股本，发展 LED 业务；与陆地方舟签订除中国大陆外全球基于陆地方舟整车核心技术的纯电动车合作生产、销售的独家代理权，涉足电动汽车行业。目前，顺风国际的业务已涵盖清洁能源供应、太阳能发电、风力发电、地热发电、海水发电等相关清洁能源范围内的能源开发、技术创新、应用，储能技术、储能产品的开发生产。集团正朝着以太阳能产业为业务基础，逐步发展为多元化及具有国际影响力的领先清洁能源低碳节能综合解决方案供应商的目标阔步前进。

（二）协鑫集成科技股份有限公司

协鑫集成科技股份有限公司（以下简称协鑫集成）系原超日太阳破产重组而成，通过破产重组，光伏行业龙头企业协鑫集团下属的江苏协鑫成为公司的控股股东。2014 年，公司实现营业收入较上年同期增加 361.83%，主要是由于破产重组期间公司在管理人的组织下快速恢复生产，使太阳能电池组件销售大幅增加。如表 3-6 所示，公司多晶太阳能组件以及供电收入分别较上年上升了 891.29% 和 41.78%；产品毛利率较上年均有不同幅度增加。同时，公司在 2014 年度破产重整结束，取得了 20 多亿元的重组收益，使公司利润大幅增加。2014 年协鑫集成主营业务构成详见表 3-6。

表 3-6　2014 年协鑫集成主营业务构成及其财务指标情况　　　　单位：%

产品	营业收入比上年同期增减	营业成本比上年同期增减	毛利率比上年同期增减
单晶太阳能组件	-83.25	-90.49	66.90
多晶太阳能组件	891.29	800.54	9.26
电池片等	-100.00	-100.00	322.87
供电收入	41.78	-15.44	20.51

为了能够快速恢复生产以及保障企业的持续运营，公司在破产重组期间做了大量工作。

1. 剥离不良资产让公司轻装上阵

在破产重整阶段，除保留母公司组件产能所必需的资产外，母公司的其他不良债权以及

资不抵债的所有子公司股权均采取公开拍卖的方式进行处置。上述不良资产的剥离，大幅降低了公司 2014 年折旧摊销以及不必要的包括人工成本在内的各项支出，为公司恢复生产经营以及新业务的开展减轻了负担。

2. 制订生产经营计划帮助公司快速恢复生产

在破产重整阶段，经上海一中院批准，管理人聘请行业内经验丰富的专家负责协助公司破产重整阶段生产经营工作，并借入恢复生产所需的流动资金。公司在行业专家的协助下制订了合理的生产经营计划，在公司生产能力不足的情况下，采用"自产＋代工"的模式从事太阳能电池组件的生产和销售。"自产＋代工"的模式使得公司在有限的条件下能够快速恢复生产能力，为公司后续开展业务打下了良好基础。

3. 引进人才加强管理团队建设

人才是企业发展的基石。公司在完成破产重组后，随即改选董事，聘任行业内经验丰富的专业人才担任高级管理人员，人才队伍的补充和加强为公司带来了先进的管理经验和内部控制能力，进而提升了整体的管理水平和经营效率，增强了重整后的竞争力，实现了企业的快速稳定发展。陆续引进的行业专门人才，覆盖财务、生产、销售、研发、法务和运营各个环节。截至 2015 年 3 月 31 日，累计引入百余位管理岗位人员，本科以上学历占大部分。公司的经营管理团队的专业化以及高学历化能够为公司经营计划的执行提供充足的保证。

4. 创新商业模式打造综合能源系统集成 4.0

协鑫集成自成立以来，便十分重视商业模式创新。公司意识到随着光伏电站系统的种类越来越多，复杂程度越来越大，客户需求的是量身定制的光伏电站系统解决方案。因此，光伏系统集成业务应运而生，光伏系统集成商按照客户的要求，提供包括产品和技术选择，项目开发和项目融资，跟踪维修等全方位的个性化服务，一方面通过打通产业链，促进项目落成，另一方面，通过优化资源配置，降低整体成本。随后，公司抓住产业发展的机遇，以"全球领先的一站式综合能源服务和解决方案提供商"的战略定位，打造了综合能源系统集成 4.0 模式，以客户需求大数据挖掘为基础，实现了产品集成、技术集成、运维集成、金融集成、行业标准集成和产业集成。公司还逐步完成了三个转变，即从系统产品制造商向咨询服务商转变，从光伏系统集成商向综合能源系统集成商转变，从产品提供商向产品标准和服务标准提供商转变。

（三）汉能薄膜发电集团有限公司

汉能薄膜发电集团有限公司（以下简称汉能薄膜发电集团）是国内唯一一家从事薄膜太阳能技术研发和应用的高科技能源企业。自 2009 年进入薄膜发电领域以来，该集团致力于成为整个生产线的领先供应商，并于 2013 年开始拓展至下游薄膜发电领域，各方面都得到快速的发展。2014 年集团实现营业收入 96.15 亿港元，同比增加 193%。其中来自独立第三方的交易收入占总收入的 38% 以上；毛利增加至 55.05 亿港元，较上年增加约 109%；净利润较上年增加约 64%，达到 20.18 亿港元。上述指标增长的主要原因有以下两点：

1. 下游薄膜发电业务取得重大突破

2014 年，汉能薄膜发电集团集中发力，大举拓展全球下游薄膜发电市场。地面电站及分布式发电项目数量稳步增长，光伏应用产品持续推出。

地面电站方面，2014 年该集团于中国境内已成功出售 18 万千瓦的地面电站项目，约 42 万千瓦已备案项目、30 万千瓦拟建项目。其中与加纳 40 万千瓦太阳能电站合作项目已取得土地使用权；河南 50 万千瓦太阳能电站项目是该集团第三个位于国内的太阳能地面电站项目。

分布式发电方面，汉能薄膜发电集团在英国、荷兰及瑞士的宜家店内推出汉能家用薄膜发电系统，成为第一家被允许在宜家店内使用产品品牌名的第三方机构。截至目前，已向欧洲宜家共出售约 2 000 套户用薄膜发电系统，并计划在未来将继续进入德国、西班牙、意大利及法国等国家。此外，集团与多家汽车制造商达成项目合作协议。广汽本田 17 兆瓦分布式光伏发电项目已于 2015 年 1 月 29 日在广汽本田位于中国广州市增城区现有厂房正式并网发电；与一汽大众 1 万千瓦光伏能源管理合同项目，此项目已开始组件安装，正在厂房内进行支架安装程序。

汽车应用方面，汉能薄膜发电集团成功为美国电动汽车生产商特斯拉量身设计和制造了其位于北京、上海和南京的电动汽车超级光伏充电站，并多次成为国际汽联赛事及车队合作伙伴，为集团进入外用电源市场赢得了信心。

2. 出售 5 个光伏电站项目获得显著收益

2014 年内，该集团以 14.21 亿元人民币的价格出售了旗下 5 家全资附属子公司于北京弘晟光伏产业投资基金。5 家全资附属公司分别为福海汉能光伏发电有限公司、哈密汉能太阳能发电有限公司、吉木萨尔县汉能太阳能发电有限公司、库尔勒汉能太阳能发电有限公司以及青海汉能薄膜太阳能发电有限公司。上述 5 家公司共持有 18 万千瓦光伏电站项目，项目分别为汉能福海一期、汉能哈密石城子、汉能吉木萨尔一期、汉能库尔勒、汉能海南州共和二期及三期。汉能薄膜发电称，此次交易所得款项净额将用作该集团的一般营运资金，以加快下游业务的发展。

（四）中国明阳风电集团有限公司

中国明阳风电集团有限公司（以下简称明阳风电）是中国风电行业三大上市公司之一，行业排名国内前三、全球第六。2014 年明阳风电收入 58.72 亿元，同比增长 106.42%，结束了连续两年的亏损，扭亏为盈，实现利润 3.54 亿元。公司业绩提升得益于抓住了全球风电行业全面回暖的机遇。

1. 海上战略获得新突破，促进企业装机容量大幅上涨

2014 年，明阳风电抓住行业回暖契机，迅速布局并加快海上风电战略推进。依托海上风电市场的稳步推进，明阳风电装机容量较上年大幅增长 75% 以上，出货量达到 205.8 万千瓦，同比增长 60% 以上，稳居行业第三，行业地位进一步巩固。

明阳风电在海上风电的整体能力方面最具实力和优势，其 SCD3MW 系列风机结合海上环境气候和水文地质条件，具有高发电量、高可靠性、低度电成本、防烟雾、抗雷击、抗台风等独特优势，经过三年的运行，各项指标趋于完善。与此同时，通过引进国际顶级的海上风电工程建设团队，为客户提供包括海上风机、工程安装、海上风电场设计与咨询在内的整

体解决方案，明阳风电在海上工程建设方面也具备了相当的竞争力。

凭借产品和海上工程建设等方面的整体优势，明阳风电除中标并开工建设广东首个海上风电项目珠海桂山项目（首批 10 万千瓦，明阳中标 8.7 万千瓦，采用明阳 3 000 千瓦风机），还相继在江苏如东签订了 30 万千瓦海上风电资源开发项目，与华能签订了 5 万千瓦潮间带风电项目开发协议等。同时，6 000 千瓦大功率海上风机投产、低风速风机赢得市场口碑，2013 年 11 月生产下线并成功吊装以来，潜在的意向订单也迅速推高了产能建设。

2. 生产基地建设加速

2014 年，为了应对迅速增长的风电市场，明阳风电在业内同行纷纷控制产能建设的情况下，相继投资建设内蒙古锡林郭勒生产基地、青海德令哈生产基地，加上之前布局的新疆哈密基地、甘肃酒泉基地、云南大理基地、江苏如东基地、天津基地、内蒙古基地、吉林基地、中山基地，生产基地总数达到 10 家。

3. 海外市场迅速增长

明阳风电加快海上风电战略推进的同时，海外市场布局也在提速，除已在保加利亚、罗马尼亚、印度等新兴经济体市场开发项目，还与挪威政府新能源基金中心签订了 SCD6MW 海上风机安装投入测试合作协议，打开了 SCD 大型海上风机走向欧洲市场的开端。

（五）内蒙古远兴能源股份有限公司

内蒙古远兴能源股份有限公司（以下简称远兴能源）是一家以天然气化工、煤化工为主导，新能源化工、精细化工及物流业为发展方向的现代化能源化工企业。作为一家传统能源化工企业，在宏观经济形势错综复杂和经营改革任务艰巨的情况下，远兴能源依然保持了平稳的发展趋势，取得了一定成绩，成为名次上升幅度前 5 位企业中唯一一家非新能源企业。2014 年，公司实现营业收入 72 亿元，利润总额 4.86 亿元，实现净利润 2.77 亿元，归属于上市公司股东的净利润 2.08 亿元。

远兴能源收入较上年增长幅度较大，主要原因系子公司内蒙古博大实地化学有限公司投产，主营业务收入增加较大。内蒙古博大实地化学有限公司主要以煤为原料生产化肥，装置规模日产 2 860 吨尿素，在同行业中处于领先水平，于 2014 年 1 月正式投产。煤炭等化工原料价格低迷降低了企业生产成本，有利于企业利润水平的提高。

此外，远兴能源在报告期内，采取了多项改革管理措施，为其保持经营业绩平稳增长提供了根本保障。一是完成公司重大资产重组。通过此次重大资产重组，公司形成了天然碱化工、煤炭及煤化工、天然气化工多元产业体系。公司体量增大，资产质量改善，盈利能力提升，为公司后续产业转型升级奠定了坚实的基础。二是推进产销分离。煤炭、化肥、纯碱、小苏打等主要产品相继完成产销分离，为后续的专业化、市场化运营奠定了基础，为营销管理专业化提供体制保障。三是创新贸易模式，实施营销人力资源、客户资源共享战略。公司依托已建立的客户、渠道、市场、物流等资源优势，通过与终端用户建立稳固的战略合作关系，锁定下游目标市场，向上游规模采购，降低了采购成本，拓展了利润空间。四是期货套期保值业务平稳起步。公司建立健全了甲醇和煤炭期货套保制度和流程，打通了甲醇厂库仓单的注册、注销整体流程。

二、排名下降企业

在 172 家排名下降的企业中，内蒙古特弘煤电集团有限责任公司较前一年度排名下降 209 个名次，成为该届榜单中下降名次最多的企业；其次是电能实业有限公司，其排名较上年下降 195 个位次；再次是宏华集团有限公司，其排名较上年下降 157 个位次。河北省磁县六合工业有限公司较上年排名下降 105 个名次；大庆联谊石化股份有限公司，较上年排名下降 98 个名次。排名下降位次较多的 20 家企业详见表 3 - 7。

表 3 - 7　排名下降较多的 20 家企业　　　　　　　　　　　单位：万元

下降位次	2015 年排名	2014 年排名	企业名称	行业	2014 年营业收入	2013 年营业收入
209	385	176	内蒙古特弘煤电集团有限责任公司	煤炭	197 432.00	1 023 531.00
195	403	208	电能实业有限公司	电力	168 108.20	803 684.31
157	195	38	宏华集团有限公司	石油	781 253.70	804 710.80
105	414	309	河北省磁县六合工业有限公司	煤炭	152 650.00	327 084.00
98	397	299	大庆联谊石化股份有限公司	石油	183 142.00	342 555.00
94	444	350	山东丰源集团股份有限公司	煤炭	126 111.90	234 653.64
84	127	43	南方石化集团有限公司	石油	1 557 882.00	5 743 393.00
79	315	236	杭州锅炉集团股份有限公司	节能环保	313 278.07	594 219.25
72	485	413	荣信电力电子股份有限公司	电力	92 779.98	149 753.09
66	521	455	深圳市拓日新能源科技股份有限公司	新能源	54 579.28	106 423.17
64	334	270	建滔（河北）焦化化工有限公司	煤炭	291 894.00	425 704.00
62	323	261	浙江海越股份有限公司	石油	304 041.80	453 277.50
59	455	396	河北省磁县申家庄煤矿	煤炭	118 012.00	171 934.00
57	502	445	深圳市比克电池有限公司	新能源	75 272.27	113 129.81
56	370	314	三一重装国际控股有限公司	煤炭	217 523.70	322 546.30
55	174	119	阜新矿业（集团）有限责任公司	煤炭	1 052 336.58	1 800 585.55
55	527	472	四川长城国际动漫游戏股份有限公司	煤炭	44 886.36	98 247.42
53	166	113	内蒙古伊东资源集团股份有限公司	煤炭	1 117 743.00	2 019 417.00
53	321	268	天津三和众诚石油制品销售有限公司	石油	305 113.00	438 154.00
52	221	169	中国秦发集团有限公司	煤炭	648 827.90	1 083 013.30

内蒙古特弘煤电集团有限责任公司主营煤炭，企业规模中等，在煤炭市场行情持续下滑的情况下，发展承压。电能实业有限公司位于香港，收入大幅下降主要是受其旗下港灯公司拆分上市的影响。宏华集团有限公司主营石油装备和油田服务，公司钻机产品 80% 以上用于出口，目前已有 800 多台钻机分布在美国、欧洲、中亚、俄罗斯、中东等地区。公司合同

多以外币计价，汇率波动影响了公司业绩，比如占其国际业务收入近三成的俄罗斯市场，就是以卢布结算，卢布的贬值抵消了宏华在当地的营业收入。此外，受石油公司资本开支下降、工程停滞、下半年油价变脸等因素影响，2014 年宏华集团的业绩缩水明显。2014 年，宏华集团收入人民币 78.13 亿元，较上年同期 80.47 亿元下降了 2.9%。毛利约为人民币 16.30 亿元，较上年同期人民币 19.05 亿元下降了 14.5%，净利润 9 178.70 万元，同比减少 82.93%。

第三节　500 强企业发展变化情况

2015 中国能源集团 500 强企业营业收入增长的企业 294 家（不包括 32 家新入榜且未获得上一年度营业收入数据的企业），占"500 强"企业数量的 58.80%；下降企业 173 家，占"500 强"企业数量的 34.60%；1 家维持不变。

一、营业收入上升的企业

在 294 家营业收入上升的企业中，电力 106 家，节能环保 9 家，煤炭 46 家，燃气 15 家，石油 45 家，新能源 56 家，综合 17 家。其中增幅在（10%，50%］的企业有 170 家，占收入上升企业数量的一半以上；增幅在 10% 以下的企业，合计 97 家；增幅在（50%，100%］的企业有 19 家；另有 6 家位于（100%，200%］；（200，+∞）的有 2 家。详见图 3-3。

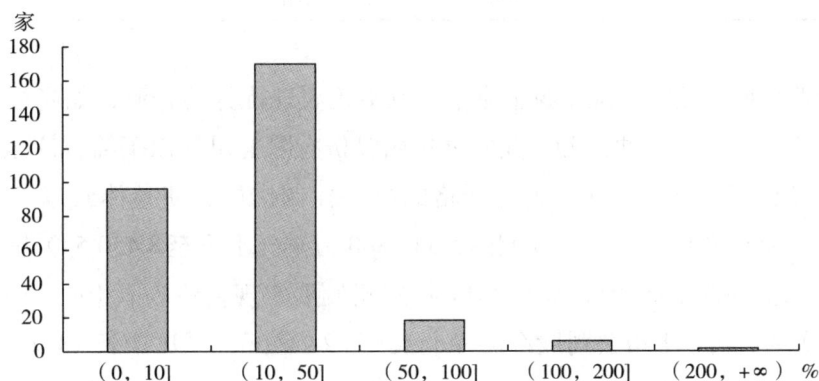

图 3-3　能源企业 500 强收入上升企业的增速分布情况

2015 中国能源集团 500 强营业收入增速前 20 名企业中，新能源企业占据了 8 家，增速在 100% 以上的 8 家企业中有 5 家为新能源企业，且前三名全部为新能源企业。前 20 名企业名单详见表 3-8。

表 3-8 2015 中国能源集团 500 强营业收入增长速度前 20 名企业   单位：%

序号	排名	企业名称	增长速度
1	345	协鑫集成科技股份有限公司	389.06
2	235	顺风国际清洁能源有限公司	275.63
3	199	汉能薄膜发电集团有限公司	194.63
4	160	四川省能源投资集团有限责任公司	114.34
5	207	内蒙古远兴能源股份有限公司	111.80
6	372	贵州黔源电力股份有限公司	111.04
7	231	中国明阳风电集团有限公司	106.42
8	276	欣旺达电子股份有限公司	100.64
9	340	协和新能源集团有限公司	89.18
10	267	楼东俊安资源（中国）控股有限公司	88.20
11	119	阿特斯阳光电力科技有限公司	79.59
12	399	山东省微山湖矿业集团有限公司	72.23
13	443	北京国电清新环保技术股份有限公司	66.90
14	281	天安电气集团有限公司	65.54
15	219	兰州兰石集团有限公司	63.51
16	344	中油金鸿天然气输送有限公司	61.66
17	292	西安隆基硅材料股份有限公司	61.38
18	163	沈阳鼓风机集团股份有限公司	61.29
19	145	浙江富春江通信集团有限公司	60.14
20	103	山东万通石油化工集团有限公司	60.11

在整体行业环境变差的传统能源企业中，也不乏表现优异的企业，如光汇石油（控股）有限公司（以下简称光汇石油）和广州发展集团股份有限公司（以下简称广东发展）。在经营压力趋大的形势下，光汇石油实施了严格的成本控制措施，使整体营运开支下降 30%。2014 年，光汇石油的总收益较上年同期的 5 544 880 万港元上升至 8 450 540 万港元，同比上升约 52.4%；营业利润增加 256.2%。2014 年广州发展实现营业收入 194.46 亿元，同比增长 15.10%；实现归属于上市公司股东的净利润 12.24 亿元，同比增长 18.26%。广州发展通过积极整合煤炭、油品和航运物流资源，经营规模和业绩实现逆势增长；同时建设电商平台（http://www.zdrlgs.com）提升出单效率，2014 年第四季度以来，客户通过电商平台下单量约占市场煤销售总量的 80%。

二、营业收入下降的企业

在 173 家营业收入下降的企业中，电力 35 家，节能环保 1 家，煤炭 81 家，燃气 1 家，石油 28 家,新能源 14 家,综合 13 家。煤炭是 "500 强" 内所有行业中唯一一个营业收入下降企业数量过半的行业。此外,石油、综合也有近一半企业营业收入下降。各细分行业企业营业收入下降情况详见图 3 - 4。

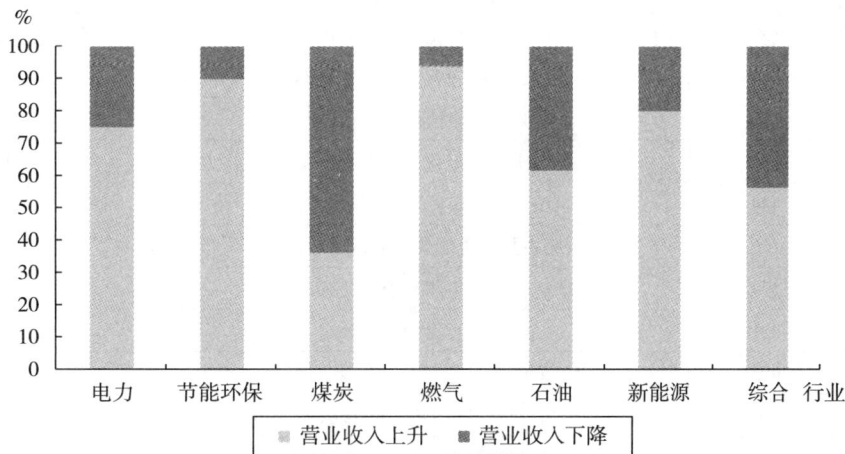

图 3 - 4　"500 强" 收入上升和下降企业百分比堆积柱状图

降幅在 50% 以上的有 4 家,分别为内蒙古特弘煤电集团有限责任公司、电能实业有限公司、南方石化集团有限公司和河北省磁县六合工业有限公司。这 4 家企业均为传统能源领域的企业集团,包括 2 家煤炭企业、1 家石油企业、1 家电力企业。降幅在（30%，50%］的企业 15 家,一半以上的企业营业收入降幅在（0，10%］。详见图 3 - 5。

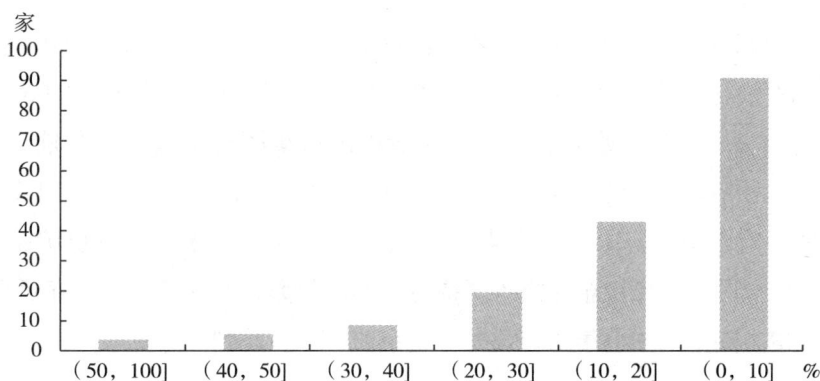

图 3 - 5　能源集团 500 强收入下降企业的增速分布情况

173 家收入下降企业中有 81 家煤炭企业,且下降幅度最大的 20 家企业中,煤炭企业占一半,虽然许多煤炭企业获得政府巨额补助,但仍亏损。例如,沈阳煤业（集团）有限责任公司,政府补助 1.5 亿元,亏损 7.05 亿元;四川省煤炭产业集团有限责任公司,政府补助 2.78 亿元,亏损 9.73 亿元。降幅前 20 名的企业详见表 3 - 9。

表 3 - 9　营业收入降幅最大的 20 家企业　　　　单位：%

序号	2015 年排名	企业名称	增长速度
1	385	内蒙古特弘煤电集团有限责任公司	−80.71
2	403	电能实业有限公司	−79.08
3	127	南方石化集团有限公司	−72.88
4	414	河北省磁县六合工业有限公司	−53.33
5	315	杭州锅炉集团股份有限公司	−47.28
6	397	大庆联谊石化股份有限公司	−46.54
7	444	山东丰源集团股份有限公司	−46.26
8	166	内蒙古伊东资源集团股份有限公司	−44.65
9	174	阜新矿业（集团）有限责任公司	−41.56
10	221	中国秦发集团有限公司	−40.09
11	485	荣信电力电子股份有限公司	−38.04
12	104	中国煤炭科工集团有限公司	−35.84
13	206	湖北能源集团股份有限公司	−34.44
14	323	浙江海越股份有限公司	−32.92
15	248	保定天威集团有限公司	−32.74
16	370	三一重装国际控股有限公司	−32.56
17	334	建滔（河北）焦化化工有限公司	−31.43
18	455	河北省磁县申家庄煤矿	−31.36
19	321	天津三和众诚石油制品销售有限公司	−30.36
20	243	中国长江航运集团南京油运股份有限公司	−28.80

在 2015 中国能源集团 500 强前 100 名的企业中，有 34 家营业收入下降，包括历届榜单均前两名的中国石油化工集团公司和中国石油天然气集团公司。国内最大的煤炭企业——神华集团有限责任公司出现两位数下滑。山西煤炭进出口集团有限公司、晋能有限责任公司、山西煤炭进出口集团有限公司、开滦（集团）有限责任公司、中国中煤能源集团有限公司、淮南矿业（集团）有限责任公司、皖北煤电集团有限责任公司、黑龙江龙煤矿业控股集团有限责任公司等近十家全国大型煤炭企业收入降幅也达到两位数，龙煤集团更是接近 30% 的下降幅度。此外，五大电力除中国华电集团公司外，其余四家均在此列。详见表 3 - 10。

表 3 - 10　2015 中国能源集团 500 强前百强企业收入下降情况　　　　单位：%

序号	2015 年排名	企业名称	增长速度
1	84	黑龙江龙煤矿业控股集团有限责任公司	−27.21
2	46	淮南矿业（集团）有限责任公司	−20.69
3	78	皖北煤电集团有限责任公司	−20.27
4	31	山西煤炭进出口集团有限公司	−19.35
5	22	晋能有限责任公司（晋能集团）	−15.37
6	66	北方华锦化学工业股份有限公司	−13.18

续表

序号	2015 年排名	企业名称	增长速度
7	20	山东能源集团有限公司	－12.69
8	7	神华集团有限责任公司	－11.67
9	34	中国中煤能源集团有限公司	－11.59
10	37	中电控股有限公司	－11.44
11	33	开滦（集团）有限责任公司	－10.47
12	49	广东省粤电集团有限公司	－8.83
13	85	恒逸石化股份有限公司	－8.74
14	90	郑州煤炭工业（集团）有限责任公司	－8.42
15	15	中国国电集团公司	－8.34
16	38	浙江省能源集团有限公司	－8.21
17	82	亿利资源集团有限公司	－8.17
18	19	河南能源化工集团有限责任公司	－7.07
19	56	中国东方电气集团有限公司	－5.53
20	95	旭阳控股有限公司	－5.35
21	25	中国电力投资集团公司	－4.57
22	94	河南神火集团有限公司	－3.85
23	44	内蒙古电力（集团）有限责任公司	－3.53
24	75	申能（集团）有限公司	－2.99
25	26	阳泉煤业（集团）有限责任公司	－2.96
26	35	上海电气（集团）总公司	－2.61
27	24	中国大唐集团公司	－2.29
28	1	中国石油化工集团公司	－1.87
29	59	内蒙古鄂尔多斯投资控股集团有限责任公司	－1.67
30	12	中国航空油料集团公司	－1.30
31	71	重庆市能源投资集团有限公司	－1.10
32	2	中国石油天然气集团公司	－1.06
33	8	中国华能集团公司	－0.38
34	11	冀中能源集团有限责任公司	－0.30

第四章 中国能源集团500强上市公司 经营能力分析

2014中国能源集团500强在国内外上市的公司（能源类控股子公司）共计329家，为保证数据来源的一致性和可比性，本书从中选取229家在上海证券交易所、深圳证券交易所上市的公司作为行业代表，对其经营能力进行分析，其中160家为中国能源集团500强中的独立上市公司，69家为中国能源集团500强中的控股子公司，如中国石油化工集团公司的控股子公司中国石油化工股份有限公司等。229家上市公司行业构成详见图4-1。

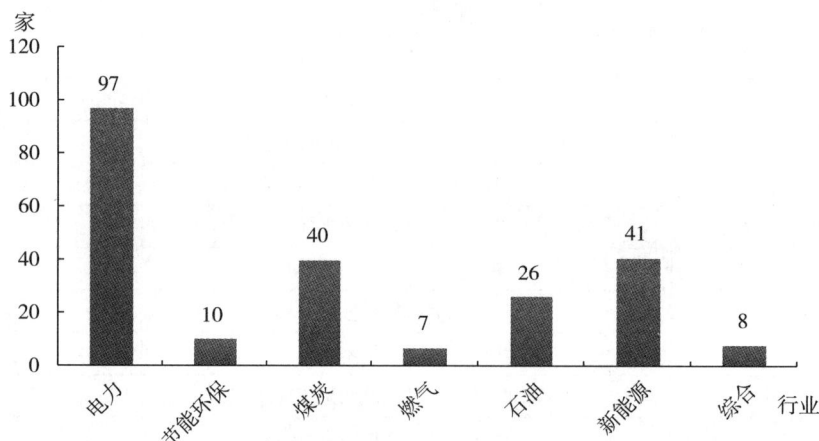

图4-1 能源集团500强上市公司行业分布

第一节 盈利能力分析

盈利能力是指企业获取利润的能力，通常表现为一定时期内企业收益数额的多少及其水平的高低。反映盈利能力的指标主要包括总资产利润率、主营业务利润率、资产报酬率、净资产收益率、销售净利率等。本书以主营业务利润率、总资产净利润率为评价指标。从这两个指标来看，中国能源集团500强2014年整体盈利能力比上年略有提高。

一、主营业务利润率整体略升，煤炭行业下降

主营业务利润率是指企业在一定时期内主营业务利润同主营业务收入的比率。它表明企业每单位主营业务收入能带来的主营业务利润，反映了企业主营业务的获利能力，是评价企业经营效益的主要指标。

主营业务利润率计算公式：

$$主营业务利润率 = 主营业务利润 / 主营业务收入 \times 100\%$$

主营业务利润是指企业主营业务收入扣除主营业务成本、主营业务税金及附加、经营费用后的利润，不包括其他业务利润、投资收益、营业外收支等因素。主营业务利润是企业全部利润中最为重要的部分，是影响企业整体经营成果的主要因素。

（一）主营业务利润率变动情况

2014 年 229 家上市公司主营业务利润率中值为 20.31%，比上年增加 0.75%。从细分行业看，煤炭行业整体下降，其他行业略有提升。各行业主营业务利润率中值情况详见表 4-1。

表 4-1　500 强上市公司主营业务利润率中值一览表　　　　单位：%

行业	2013 年主营业务利润率	2014 年主营业务利润率	增减值
电力	21.30	23.27	1.97
节能环保	18.82	20.83	2.01
煤炭	20.38	19.11	-1.28
燃气	17.82	18.71	0.89
石油	8.43	9.49	1.06
新能源	17.35	17.45	0.10
综合	18.88	24.14	5.26
总体	19.44	20.30	0.86

2014 年主营业务利润率上升的企业 117 家，其中 8 家企业上升超过两位数，上升幅度最大的是洲际油气股份有限公司（股票简称洲际油气）。洲际油气主营业务利润率大幅提升得益于公司战略转型。2014 年该公司收购了油气公司马腾公司 95% 的股权，处置了毛利率较低的贸易板块和房地产租赁等业务，正式转型为油气公司。2014 年该公司油气业务毛利率高达 66.06%。主营业务利润率上升排名前 20 的企业详见表 4-2。

表 4-2　主营业务利润率增幅前 20 名企业一览表　　　　单位：%

2015 年排名	企业名称	股票代码	股票简称	2013 年主营业务利润率	2014 年主营业务利润率	增减值
432	洲际油气股份有限公司	600759	洲际油气	10.2362	30.8266	20.5904
88	福建省能源集团有限责任公司	600483	福能股份	8.0291	26.9759	18.9468
206	湖北能源集团股份有限公司	000883	湖北能源	16.1333	30.4426	14.3093

续表

2015 年排名	企业名称	股票代码	股票简称	2013 年主营业务利润率	2014 年主营业务利润率	增减值
424	宁夏银星能源股份有限公司	000862	银星能源	23.8590	38.0721	14.2131
248	保定天威集团有限公司	600550	保变电气	7.6736	21.1290	13.4554
345	协鑫集成科技股份有限公司	002506	协鑫集成	0.0421	11.9449	11.9028
169	河北建投能源投资股份有限公司	000600	建投能源	25.1840	36.7508	11.5668
500	石家庄东方热电股份有限公司	000958	东方能源	3.0613	13.7393	10.6780
152	中海发展股份有限公司	600026	中海发展	1.1386	11.0097	9.8711
29	国家开发投资公司	600886	国投电力	39.5361	49.4007	9.8646
268	三安光电股份有限公司	600703	三安光电	35.9427	44.6904	8.7477
194	永泰能源股份有限公司	600157	永泰能源	29.7205	38.3053	8.5848
372	贵州黔源电力股份有限公司	002039	黔源电力	46.1082	53.3241	7.2159
391	七台河宝泰隆煤化工股份有限公司	601011	宝泰隆	15.7528	22.534	6.7812
207	内蒙古远兴能源股份有限公司	000683	远兴能源	20.7034	27.27310	6.5697
297	华锐风电科技（集团）股份有限公司	601558	华锐风电	6.6239	12.8144	6.1905
121	新疆金风科技股份有限公司	002202	金风科技	20.4836	26.5391	6.0555
304	河南豫能控股股份有限公司	001896	豫能控股	20.6112	26.1059	5.4947
413	乐山电力股份有限公司	600644	乐山电力	20.3954	25.4683	5.0729
41	中国长江三峡集团公司	600900	长江电力	56.2163	61.2348	5.0185

主营业务利润率下降的企业 112 家，其中新疆百花村股份有限公司（股票简称＊ST 百花）和太原煤炭气化（集团）有限责任公司（股票简称＊ST 煤气）降幅较大，分别下降22.3% 和 19.8%。两家公司均是煤炭企业，受煤炭行业下滑的影响，两家公司 2014 年、2015 年连续两年亏损，处在退市的边缘。主营业务利润率降幅前 20 名的企业详见表 4-3。

表 4-3　主营业务利润率降幅前 20 名企业一览表　　　　单位：%

2015 年排名	企业名称	股票代码	股票简称	2013 年主营业务利润率	2014 年主营业务利润率	增减幅度
465	新疆百花村股份有限公司	600721	＊ST 百花	25.2657	2.9513	-22.3144
143	太原煤炭气化（集团）有限责任公司	000968	＊ST 煤气	7.5209	-12.2978	-19.8187
457	新疆国际实业股份有限公司	000159	国际实业	18.4902	8.6788	-9.8114
357	杭州福斯特光伏材料股份有限公司	603806	福斯特	37.8666	28.626	-9.2406
344	中油金鸿天然气输送有限公司	000669	金鸿能源	37.9309	29.2698	-8.6611
482	新大洲控股股份有限公司	000571	新大洲	39.7858	32.1812	-7.6046
404	上海游久游戏股份有限公司	600652	游久游戏	30.4042	23.2715	-7.1327
487	天津百利特精电气股份有限公司	600468	百利电气	24.9768	18.7885	-6.1883

续表

2015年排名	企业名称	股票代码	股票简称	2013年主营业务利润率	2014年主营业务利润率	增减幅度
325	广东韶能集团股份有限公司	000601	韶能股份	32.7617	26.8287	-5.9330
18	山西潞安矿业（集团）有限责任公司	601699	潞安环能	35.0013	29.3969	-5.6044
216	山西兰花煤炭实业集团有限公司	600123	兰花科创	34.1950	28.7359	-5.4591
226	郑州煤矿机械集团股份有限公司	601717	郑煤机	22.6211	17.2095	-5.4116
244	陕西鼓风机（集团）有限公司	601369	陕鼓动力	29.6942	24.2875	-5.4067
386	广东易事特电源股份有限公司	300376	易事特	29.0341	23.6509	-5.3832
218	云南云维股份有限公司	600725	云维股份	8.6293	3.3695	-5.2598
19	河南能源化工集团有限责任公司	600403	大有能源	27.7267	22.7040	-5.0227
493	甘肃蓝科石化高新装备股份有限公司	601798	蓝科高新	34.1291	29.2273	-4.9018
257	甘肃省电力投资集团有限责任公司	000791	甘肃电投	49.4533	44.6575	-4.7958
11	冀中能源集团有限责任公司	000937	冀中能源	22.8648	18.8349	-4.0299
393	林州重机集团股份有限公司	002535	林州重机	23.4109	19.4454	-3.9655

分行业看，煤炭行业主营业务利润率下降的企业数明显多于上升的企业，电力行业基本持平，新能源和石油行业上升企业数多于下降企业数。详见图4-2。

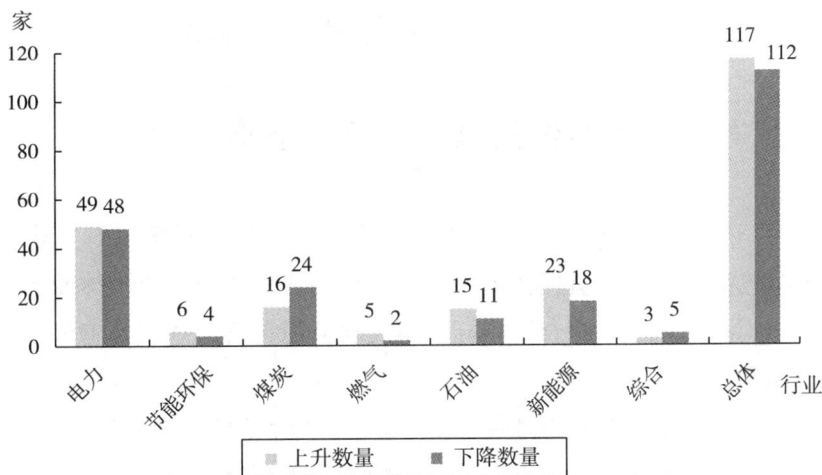

图4-2　能源集团500强上市公司主营业务利润率变动情况

（二）主营业务利润率区间分布情况

不同行业间主营业务利润率差别较大，同一行业内企业之间的盈利能力受所在价值链环节和企业自身经营能力的影响也相差悬殊。除石油行业，其他行业主营业务利润率基本集中在（10%，20%］和（20%，30%］，石油行业主要集中在（0，10%］，明显低于其他行业。各行业主营业务利润率分布情况详见表4-4。

表 4-4　能源集团 500 强主营业务利润率区间分布情况一览表　　　　单位：个

区间	电力	节能环保	煤炭	燃气	石油	新能源	综合
(-∞, 0]	1	0	1	0	1	0	0
(0, 10%]	4	0	8	1	12	2	0
(10%, 20%]	33	5	13	3	4	22	3
(20%, 30%]	39	3	12	2	6	14	2
(30%, 40%]	14	1	6	0	1	3	3
(40%, 50%]	4	1	0	1	2	0	0
(50%, 60%]	1	0	0	0	0	0	0
(60%, +∞)	1	0	0	0	0	0	0

电力行业价值链上不同企业主营业务利润率相差最大，尤其是水电企业与施工企业，比如，2014 年中国长江电力股份有限公司主营业务利润率为 61.24%，而电力施工企业的代表中国核工业建设股份有限公司主营业务利润率只有 6.61%，二者相差 54.63 个百分点。新能源行业上市公司业务结构差别不大，主营业务利润率相对比较集中。

2014 年主营业务利润率为负的企业有 3 家，煤炭、电力、石油各有 1 家，分别是 ∗ST 煤气、∗ST 南电 A 和中国长江航运集团南京油运股份有限公司（股票简称退市长油）。退市长油因连续三年亏损已于 2015 年退市，成为首家退市的中央企业。

二、总资产净利润率整体提高，三行业下降

总资产净利润率又称总资产收益率，是一定时期内企业净利润额与平均资产总额的比率。该指标反映了包括净资产和负债在内的全部资产的获利能力，集中体现了企业资金的运用效果。总资产净利润率是一个综合性指标，是反映公司是否应举债经营的重要依据。

总资产净利润率计算公式：

总资产净利润率 = 净利润／平均资产总额

平均资产总额是指当期期初和期末资产总额的算术平均值，即：

平均资产总额 =（期初资产总额 + 期末资产总额)/2

（一）总资产净利润率变动情况

2014 年 229 家上市公司总资产净利润率中值为 3.27%，比上年增加 0.2%。其中，电力、煤炭和节能环保行业总资产净利润率均比上年下降；其他行业与上年同比都有不同程度的上升。各行业中值情况详见表 4-5。

表 4 - 5　500 强上市公司总资产净利润率中值一览表　　　单位：%

行业	2013 年中值	2014 年中值	增减值
电力	4.10	3.89	-0.20
节能环保	5.60	4.42	-1.19
煤炭	2.41	1.00	-1.41
燃气	4.11	4.75	0.64
石油	3.18	3.58	0.40
新能源	1.85	2.26	0.41
综合	2.23	2.64	0.42
总体	3.07	3.27	0.20

2014 年 229 家上市公司中总资产净利润率上升的企业 97 家，下降企业 132 家，除新能源和综合性行业外，其他行业均出现了总资产净利润率下降企业数多于上升企业的现象，尤其是煤炭行业，75% 的企业总资产净利润率下降。传统能源企业总资产盈利能力普遍出现下降趋势。各行业总资产净利润率增减企业数量详见图 4 - 3。

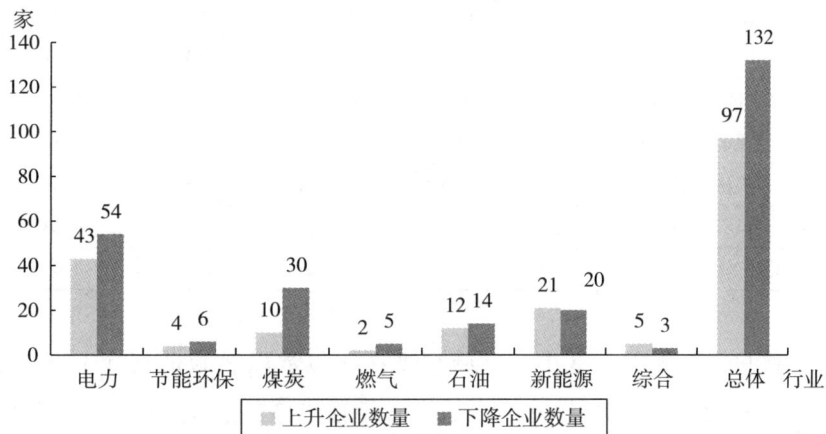

图 4 - 3　能源集团 500 强上市公司总资产净利润率上升及下降企业数分布情况

在 97 家总资产净利润率上升的企业中，提升幅度在前 6 名的企业均是在 2013 年严重亏损的企业，分别为协鑫集成科技股份有限公司（股票简称协鑫集成）、保定天威集团有限公司旗下的保变电气、退市长油、宁夏宝塔石化集团有限公司旗下的宝塔实业、华锐风电科技（集团）股份有限公司（股票简称华锐风电）和浙江精功科技股份有限公司（股票简称精功科技）。除退市长油外，其他 5 家公司 2014 年成功扭亏为盈。协鑫集成借壳上海超日太阳能科技股份有限公司。超日太阳能因连续三年亏损，2014 年初进行破产重整，2014 年协鑫集团完成对其资产重组，更名协鑫集成科技股份有限公司，该公司定位于光伏市场的综合能源服务商。受新能源产业连年亏损的影响，保变电气面临退市风险，2013 年公司进行战略重整，将新能源资产与控股股东的输变电资产进行置换，重新定位于输变电领域。2014 年公司恢复了盈利能力。总资产净利润率上升前 20 名企业详见表 4 - 6。

表 4 - 6   总资产净利润率增长前 20 名企业一览表   单位：%

2015 年排名	企业名称	股票代码	股票简称	2013 年总资产净利润率	2014 年总资产净利润率	增减值
345	协鑫集成科技股份有限公司	002506	协鑫集成	-21.65	57.21	78.86
248	保定天威集团有限公司	600550	保变电气	-46.26	0.82	47.08
243	中国长江航运集团南京油运股份有限公司	600087	退市长油	-35.34	-3.76	31.58
65	宁夏宝塔石化集团有限公司	000595	宝塔实业	-12.60	1.96	14.56
297	华锐风电科技（集团）股份有限公司	601558	华锐风电	-13.08	0.39	13.47
489	浙江精功科技股份有限公司	002006	精功科技	-9.61	0.52	10.14
467	四川川投能源股份有限公司	600674	川投能源	8.65	18.19	9.55
88	福建省能源集团有限责任公司	600483	福能股份	2.01	10.33	8.32
219	兰州兰石集团有限公司	603169	兰石重装	1.83	9.27	7.43
14	大同煤矿集团有限责任公司	601001	大同煤业	-4.10	2.96	7.07
169	河北建投能源投资股份有限公司	000600	建投能源	6.13	12.30	6.16
274	广州恒运企业集团股份有限公司	000531	穗恒运 A	4.58	9.99	5.41
480	苏州道森钻采设备股份有限公司	603800	道森股份	7.79	12.41	4.62
152	中海发展股份有限公司	600026	中海发展	-3.91	0.65	4.56
242	上海龙宇燃油股份有限公司	603003	龙宇燃油	-3.59	0.71	4.30
292	西安隆基硅材料股份有限公司	601012	隆基股份	1.54	5.36	3.83
372	贵州黔源电力股份有限公司	002039	黔源电力	-0.96	2.86	3.82
424	宁夏银星能源股份有限公司	000862	银星能源	-2.93	0.40	3.33
121	新疆金风科技股份有限公司	002202	金风科技	1.31	4.63	3.32
457	新疆国际实业股份有限公司	000159	国际实业	1.18	4.46	3.28

在总资产净利润率下降的企业中，下降幅度在两位数以上的企业有 3 家，分别是乐山电力股份有限公司（股票简称乐山电力）、石家庄东方热电股份有限公司（股票简称东方能源）和杭州福斯特光伏材料股份有限公司（股票简称福斯特）。乐山电力是四川省地方性小水电企业，主营地方电力的开发和经营，电力供应涵盖乐山、眉山两市，水、气供应乐山市。受公司控股子公司乐电天威硅业公司停产技改的影响，2013 年公司出现亏损。2014 年乐电天威公司破产清算，公司计提资产减值储备，导致利润大幅下降。东方能源主营热力、电力生产和销售，2013 年公司资产重组，导致当年非经常性损益金额较高，约 6.2 亿元（其中债务重组收益约 5.66 亿元，政府补贴等约 4 700 万元），使得 2013 年净利润基数较高，由此造成公司主营业务利润在 2014 年增长的情况下，归属股东的净利润仍然同比下降约 71%。福斯特主营太阳能电池胶膜、背板等光伏材料，2014 年公司主导产品 EVA 胶膜和背板销量大幅增加，但 EVA 平均销售单价较上年同期下降，而其原材料价格较上年同期上升，致使公司在销售规模增大的情况下净利润较上年下降 27.45%。此外，公司 2014 年 IPO成功，净资产比上年增加近 2 倍，总资产大幅提高。总资产净利润率下降前 20 名企业详见表 4 - 7。

表4-7 总资产净利润率下降前20名企业一览表 单位：%

2015年排名	企业名称	股票代码	股票简称	2013年总资产净利润率	2014年总资产净利润率	增减值
413	乐山电力股份有限公司	600644	乐山电力	-19.58	-64.48	-44.90
500	石家庄东方热电股份有限公司	000958	东方能源	37.00	8.87	-28.13
357	杭州福斯特光伏材料股份有限公司	603806	福斯特	26.77	13.08	-13.69
218	云南云维股份有限公司	600725	云维股份	0.01	-9.87	-9.87
448	深圳南山热电股份有限公司	000037	*ST南电A	1.34	-8.03	-9.37
453	惠州亿纬锂能股份有限公司	300014	亿纬锂能	14.82	5.48	-9.33
485	荣信电力电子股份有限公司	002123	荣信股份	1.54	-6.88	-8.42
465	新疆百花村股份有限公司	600721	*ST百花	0.13	-8.22	-8.35
143	太原煤炭气化（集团）有限责任公司	000968	*ST煤气	0.04	-8.29	-8.33
19	河南能源化工集团有限责任公司	600403	大有能源	7.54	0.61	-6.93
303	山西安泰集团股份有限公司	600408	安泰集团	-4.82	-11.18	-6.36
415	四川广安爱众股份有限公司	600979	广安爱众	1.75	-3.88	-5.63
404	上海游久游戏股份有限公司	600652	游久游戏	0.11	-5.51	-5.62
470	中国南玻集团股份有限公司	000012	南玻A	11.39	6.22	-5.17
226	郑州煤矿机械集团股份有限公司	601717	郑煤机	6.53	1.56	-4.97
31	山西煤炭进出口集团有限公司	600546	山煤国际	1.55	-3.39	-4.94
66	北方华锦化学工业股份有限公司	000059	华锦股份	-0.53	-5.35	-4.82
252	新奥生态控股股份有限公司	600803	新奥股份	14.86	10.21	-4.65
264	青岛汉缆股份有限公司	002498	汉缆股份	8.91	4.36	-4.56
216	山西兰花煤炭实业集团有限公司	600123	兰花科创	4.29	-0.08	-4.37

（二）总资产净利润率分布情况

与主营业务利润率相比，229家上市公司总资产净利润率分布更加集中，各细分行业均集中在（10%，5%]，反映出能源行业各细分行业的资金收益率水平基本没有太大差别。2014年各行业总资产净利润率分布情况详见表4-8。

表4-8 能源集团500强上市公司总资产净利润率分布一览表 单位：个

区间	电力	节能环保	煤炭	燃气	石油	新能源	综合
（-100%，-10%]	1	0	1	0	0	0	0
（-10%，-5%]	2	0	4	0	1	1	0
（-5%，0]	2	1	4	0	3	1	0
（0，5%]	54	5	23	4	13	29	6
（5%，10%]	33	4	6	2	6	7	2
（10%，15%]	2	0	2	1	2	2	0
（15%，20%]	3	0	0	0	1	0	0
（20%，100%]	0	0	0	0	0	1	0

总资产净利润率在（20%，100%］的企业只有 1 家，为协鑫集成，如前文所述，其业绩因资产重组而致，不具有市场代表性。总资产净利润率在（15%，20%］的企业共计 4 家，3 家电力企业和 1 家石油企业。3 家电力企业分别是四川川投能源股份有限公司（股票简称川投能源）、正泰集团股份有限公司旗下的正泰电器、深圳市汇川技术股份有限公司（股票简称汇川技术）。1 家石油企业是苏州纽威阀门股份有限公司（股票简称纽威股份）。除正泰电器和纽威股份外，其他 2 家均为轻资产企业，其较高的指标受资产结构影响较大。正泰电器主营低压电器，是国内低压电器的龙头企业，经营管理完善，2014 年主营产品毛利率达到公司历史最高水平。纽威股份主营业务工业阀门及阀门毛坯的制造销售，具备为石油天然气、化工、电力等行业提供基本覆盖全行业系列产品组合的能力。公司技术研发能力强，产品主要销往欧美、亚太等发达国家及国内市场。

2014 年总资产净利润率为负的企业共计 21 家，其中电力企业 5 家，煤炭企业 9 家，石油企业 4 家，新能源企业 2 家，节能环保企业 1 家。2 家新能源企业为海润光伏科技股份有限公司（股票简称海润光伏）和湖南科力远新能源股份有限公司（股票简称科力远），总资产净利润率分别为 -6.4245% 和 -1.9692%。海润光伏主营光伏产品制造和太阳能电站的开发，2013 年公司亏损严重，资金紧张。2014 年受资金影响，项目启动较晚，同期开工建设的项目推进力度受到限制；同时，受国家下半年出台相关政策的制约，电站出售项目延迟，极大地影响了项目当期可实现的利润。科力远主营镍系列电池以及镍产品的产销，2014 年公司持续研发高投入，开发新一代 HEV 电池产品，改造升级原有设备，压缩原有电池产品的销售，致使毛利润额减少。此外，联营企业科力美公司处于建设阶段，相应投资收银影响该期利润。

第二节　成长能力分析

企业的成长能力又称发展能力，指企业通过自身的生产经营活动，不断扩大积累而形成的发展潜能。企业能否健康发展取决于多种因素，包括外部经营环境、企业内在素质及资源条件等。总资产增长率和净利润增长率是衡量企业成长性的两项重要指标，对这两项指标的分析显示，能源集团 500 强上市公司规模不断扩大，但自我成长的内生动力明显下降。

一、总资产增长率明显上升

总资产增长率是企业本年总资产增长额同年初资产总额的比率，反映企业当期资产规模的增长情况。比值越高说明企业规模扩张速度越快。

总资产增长率的计算公式：

总资产增长率 = 本年总资产增长额／年初资产总额 × 100%

其中：本年总资产增长额 = 年末资产总额 − 年初资产总额

2013 年，山西省国新能源发展集团有限公司控股上市公司山西省国新能源股份有限公司资产重组，致使当年总资产增长率数据异常，高达 52 994.43%，为更准确地反映 500 强上市公司的正常情况，书中总资产增长率的统计分析剔除了该公司数据。

（一）总资产增长率变动情况

2014 年，228 家上市公司总资产增长率中值为 10.86%，比上年增加 2.57%，其中燃气行业中值下降幅度较大，煤炭、节能环保行业略有下降。各细分行业总资产增长率中值详见表 4 − 9。燃气行业上市公司 7 家，样本值小，中值下降幅度大主要受成都华气厚普机电设备股份有限公司（股票简称厚普股份）的影响。厚普股份主营天然气汽车加气站设备及信息化监管系统的研发和生产，2014 年公司总资产增长率 9.16%，比上年减少 35.97%。

表 4 − 9　500 强上市公司总资产增长率中值一览表　　　　单位：%

行业	2013 年中值	2014 年中值	增减值
电力	9.66	10.86	1.20
节能环保	13.80	11.88	− 1.92
煤炭	7.50	7.48	− 0.02
燃气	24.81	14.36	− 10.44
石油	7.69	8.86	1.16
新能源	3.44	15.03	11.59
综合	3.18	12.01	8.83
总体	8.29	10.86	2.57

2014 年 228 家上市公司中，总资产增长率上升的企业 124 家，下降的企业 104 家。除燃气行业外，其他行业总资产增长率上升的企业数均高于下降企业数量。各细分行业总资产增长率变化企业数详见图 4 − 4。

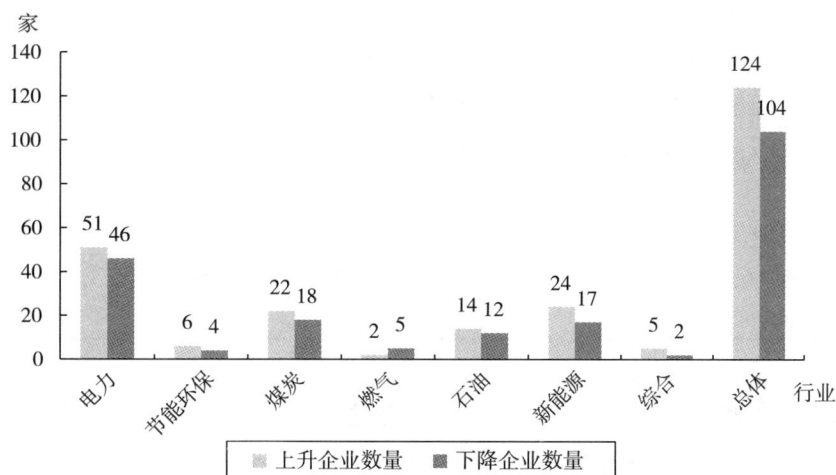

图 4 − 4　能源集团 500 强上市公司总资产增长率上升及下降企业数分布情况

在 124 家上升企业中，增长超过 100% 的企业 3 家，分别是福建省能源集团有限责任公司控股的福能股份、河南豫能控股股份有限公司（股票简称豫能控股）和中铝宁夏能源集团有限公司的控股公司银星能源。福能股份的前身是上市公司福建南纺股份有限公司，2014年南纺股份通过向福建省能源集团发行股份的方式购买其鸿山热电等 3 家电力公司，完成反向并购重组，主营业务由纺织变为能源，更名为福能股份，总资产因而大幅增长。豫能控股主要投资管理以电力生产为主的能源项目，2014 年通过定向增发的方式融资 21 亿元，完成对新乡中益等两项目相关股权的收购，公司资产规模大幅提高，持续发展能力显著提升。银星能源主营风力发电、太阳能发电设备及其新能源产品附件的设计生产，2014 年公司完成重大资产重组，获得 3 家风力发电公司，资产规模由此大增。总资产增长率提升幅度前 20名企业详见表 4 - 10。

表 4 - 10 500 强上市公司总资产增长率提升幅度前 20 名企业一览表 单位：%

2015 年排名	企业名称	股票代码	股票简称	2013 年总资产增长率	2014 年总资产增长率	增减值
88	福建省能源集团有限责任公司	600483	福能股份	- 5.30	1 165.07	1 170.36
304	河南豫能控股股份有限公司	001896	豫能控股	- 7.74	159.10	166.83
424	宁夏银星能源股份有限公司	000862	银星能源	- 6.81	100.20	107.02
327	江苏爱康太阳能科技股份有限公司	002610	爱康科技	23.93	93.42	69.49
242	上海龙宇燃油股份有限公司	603003	龙宇燃油	- 27.62	40.16	67.78
468	宁波热电股份有限公司	600982	宁波热电	8.14	70.82	62.68
495	湖南科力远新能源股份有限公司	600478	科力远	- 22.44	35.88	58.32
384	深圳市雄韬电源科技股份有限公司	002733	雄韬股份	- 0.24	57.04	57.28
266	河南平高电气股份有限公司	600312	平高电气	- 0.70	55.86	56.56
357	杭州福斯特光伏材料股份有限公司	603806	福斯特	26.77	81.48	54.72
387	深圳市科陆电子科技股份有限公司	002121	科陆电子	6.49	58.20	51.72
432	洲际油气股份有限公司	600759	洲际油气	19.27	70.37	51.10
429	株洲时代新材料科技股份有限公司	600458	时代新材	32.61	82.99	50.38
344	中油金鸿天然气输送有限公司	000669	金鸿能源	17.77	66.73	48.95
207	内蒙古远兴能源股份有限公司	000683	远兴能源	17.96	66.13	48.18
454	哈尔滨哈投投资股份有限公司	600864	哈投股份	1.26	43.37	42.10
286	上海航天汽车机电股份有限公司	600151	航天机电	- 29.82	11.70	41.52
330	东方日升新能源股份有限公司	300118	东方日升	1.97	43.20	41.22
219	兰州兰石集团有限公司	603169	兰石重装	45.64	86.83	41.19
104	中国煤炭科工集团有限公司	600582	天地科技	8.17	48.76	40.59

在 104 家总资产增长率下降的企业中，下降超过 70% 的企业 6 家，分别是新奥生态控股股份有限公司（股票简称新奥股份）、山西漳泽电力股份有限公司（股票简称章泽电力）、中国华信能源有限公司旗下的上市公司华信国际、上海置信电气股份有限公司（股票简称置信电气）、卧龙电气集团股份有限公司（股票简称卧龙电气）和浙江海越股份有限公司（股

票简称海越股份）。除海越股份外，其他 5 家公司均在 2013 年完成了重大资产重组，由此致使当年总资产增长率异常。海越股份上市之初主营业务为公路收费和石油，2006 年逐渐退出公路收费业务，向油气业务转型。2011 年公司投资建设 138 万吨丙烷和混合碳四深加工项目，该项目在 2013 年大部分完工，增加了公司总资产规模。2014 年总资产增长率下降幅度前 20 名企业详见表 4 - 11。

表 4 - 11　500 强上市公司总资产增长率下降幅度前 20 名企业一览表　　　单位：%

2015 年排名	企业名称	股票代码	股票简称	2013 年总资产增长率	2014 年总资产增长率	增减值
252	新奥生态控股股份有限公司	600803	新奥股份	321.37	10.33	-311.04
168	山西漳泽电力股份有限公司	000767	漳泽电力	147.63	-0.58	-148.21
13	中国华信能源有限公司	002018	华信国际	99.25	1.22	-98.04
277	上海置信电气股份有限公司	600517	置信电气	104.91	18.26	-86.65
215	卧龙电气集团股份有限公司	600580	卧龙电气	86.22	10.18	-76.04
323	浙江海越股份有限公司	600387	海越股份	108.08	37.24	-70.84
500	石家庄东方热电股份有限公司	000958	东方能源	64.26	-3.32	-67.58
3	国家电网公司	600406	国电南瑞	73.00	11.47	-61.52
223	深圳市德赛电池科技股份有限公司	000049	德赛电池	81.12	38.70	-42.42
355	江苏新远程电缆股份有限公司	002692	远程电缆	48.12	9.96	-38.16
481	成都华气厚普机电设备股份有限公司	300471	厚普股份	45.13	9.16	-35.97
345	协鑫集成科技股份有限公司	002506	协鑫集成	-17.24	-50.43	-33.19
324	浙江上风实业股份有限公司	000967	盈峰环境	32.24	1.21	-31.03
158	内蒙古亿利能源股份有限公司	600277	亿利洁能	19.43	-10.99	-30.42
389	青岛特锐德电气股份有限公司	300001	特锐德	57.61	30.49	-27.12
65	宁夏宝塔石化集团有限公司	000595	宝塔实业	25.31	-0.91	-26.22
366	广东南洋电缆集团股份有限公司	002212	南洋股份	29.81	3.81	-25.99
485	荣信电力电子股份有限公司	002123	荣信股份	4.76	-20.36	-25.12
460	河南森源电气股份有限公司	002358	森源电气	61.87	37.52	-24.35
430	天顺风能（苏州）股份有限公司	002531	天顺风能	25.51	1.51	-23.99

（二）总资产增长率分布情况

从总资产增长率分布情况看，（0，10%］是各细分行业最为集中的区域，共计 76 家，其次是（10%，20%］，共计 49 家企业。各细分行业中，企业情况差别较大，尤其是电力、石油、新能源行业，区间分布较为分散。各细分行业总资产增长率分布情况详见表 4 - 12。

表 4-12　总资产增长率分布情况一览表　　　　　　　　单位：个

区间	电力	节能环保	煤炭	燃气	石油	新能源	综合
（-∞，-20%]	1	0	1	0	1	2	0
（-20%，-10%]	3	0	1	0	0	1	0
（-10%，0]	10	1	5	0	5	2	0
（0，10%]	33	3	16	2	8	11	3
（10%，20%]	21	2	9	3	4	8	2
（20%，30%]	12	1	3	0	1	4	1
（30%，40%]	8	3	3	0	2	6	0
（40%，50%]	4	0	1	1	2	2	0
（50%，60%]	3	0	0	0	0	0	0
（60%，70%]	0	0	0	1	1	0	1
（70%，80%]	1	0	0	0	1	1	0
（80%，+∞)	1	0	1	0	1	4	0

　　2014 年，能源集团 500 强上市公司总资产增长率为负的企业 33 家，其中电力行业 14 家，煤炭 7 家，石油 6 家，新能源 5 家，节能环保 1 家。总资产增长率低于 20% 的共计 5 家，分别是协鑫集成（-50.44%）、退市长油（-38.98%）、华锐风电（-27.39%）、贵州盘江投资控股（集团）有限公司控股的盘江股份（-21.597%）、荣信电力电子股份有限公司（-20.36%，股票简称荣信股份）。如前文所述，协鑫集成受资产重组的影响，退市长油因连年亏损，资产持续大幅减值。华锐风电作为曾经的风电龙头企业一直未能从风电行业低谷期的影响中走出来，2012 年、2013 年连续两年净利润为负，管理层变动频繁，失去融资能力，经营举步维艰。2014 年公司通过出售应收账款引进战略投资者，兑付了 26 亿元的公司债本息，导致公司总资产规模下降。盘江股份主营煤炭开采和洗选加工，2014 年总资产下降主要受会计政策的影响，公司采用新会计准则，调减年初未分配利润 8.95 亿元。荣信股份主营节能大功率电力电子设备制造，公司前期规模扩张过快，设立了众多子公司，经营管理成本上升。随着市场竞争的加剧，2014 年公司出现上市以来的首度亏损。此外，根据新的会计政策，公司调整了合并报表的范围，导致当年总资产额下降 3.4 亿元。

　　2014 年，500 强上市公司中总资产增长率超过 80% 的企业 7 家，分别为福能股份（1 165.07%）、豫能控股（159.09%）、银星能源（100.20%）、江苏爱康太阳能科技股份有限公司（93.42%，股票简称爱康科技）、兰州兰石集团有限公司旗下的兰石重装（86.83%）、时代新材（82.99%）和福斯特（81.48%）。如前文所述，福能股份、豫能控股、银星能源资产增长受重组的影响，福斯特因 IPO 而增长。兰石重装主营炼油、煤化工、核电、新能源等高端能源装备的研发生产，2014 年公司出城入园产业升级项目顺利投产，出城入园项目资产的工程造价审核、决算编制及审计、资产移交相关事宜已完成，2014 年末资产正式入账，使得公司的总资产大幅上升。爱康科技主营光伏配件制造和光伏发电运营。2014 年公司光伏制造和光伏发电板块均发展迅速，主营业务收入同比增长 63.5%，净利润增长 988.58%。

二、净利润增长率普遍下降

净利润是指利润总额减所得税后的余额，是当年实现的可供出资人（股东）分配的净收益，也称为税后利润。它是一个企业经营的最终成果，净利润多，企业的经营效益就好，净利润少，企业的经营效益就差，它是衡量一个企业经营效益的重要指标。

净利润增长率代表企业当期净利润比上期净利润的增长幅度。

（一）净利润率变动情况

剔除 2013 年和 2014 年亏损企业数据，共计 195 家企业纳入分析样本。统计显示，2014 年 195 家上市公司净利润中值为 9.44%，同比减少 0.60%。煤炭行业净利润增长率下滑幅度减小。除煤炭、石油和综合性企业外，其他行业净利润增长速度均出现下滑。各细分行业净利润增长率中值情况详见表 4-13。

表 4-13　能源集团 500 强上市公司净利润率增长率中值一览表　　　单位：%

行业	2013 年中值	2014 年中值	增减值
电力	26.51	13.47	-13.04
节能环保	3.43	3.26	-0.18
煤炭	-36.91	-35.91	1.00
燃气	33.58	12.13	-21.46
石油	8.89	11.80	2.91
新能源	14.00	6.44	-7.56
综合	-23.51	16.16	39.67
总体	10.04	9.44	-0.60

在 195 家企业中，净利润率上升的企业 78 家，下降的企业 117 家。电力、煤炭、石油等传统能源企业净利润增长率下降的企业数明显多于上升的企业，反映了经济结构调整和经济增速下滑对传统能源企业产生的压力越来越大。新能源行业 2014 年基本走出行业寒冬，13 家企业扭亏为盈，50% 的企业净利润增长率同比上升。各行业净利润率增长企业数详见图 4-5。

在 78 家净利润率上升的企业中，增长值超过 200% 的企业 9 家，分别是福能股份、七台河宝泰隆煤化工股份有限公司（股票简称宝泰隆）、兰石重装、内蒙古远兴能源股份有限公司（股票简称远兴能源）、新疆国际实业股份有限公司（股票简称国际实业）、江苏吉鑫风能科技股份有限公司（股票简称吉鑫科技）、泰豪科技股份有限公司（股票简称泰豪科技）、阳光凯迪新能源集团有限公司旗下的凯迪生态、华信国际。除吉鑫科技外，其他 8 家企业净利润增长率均在 2013 年大幅下降。吉鑫科技是受资产重组的影响而数据异常。宝泰隆主营煤炭开采和煤化工，2013 年公司扣除非经常性损益后亏损 200 多万元。2014 年净利润大

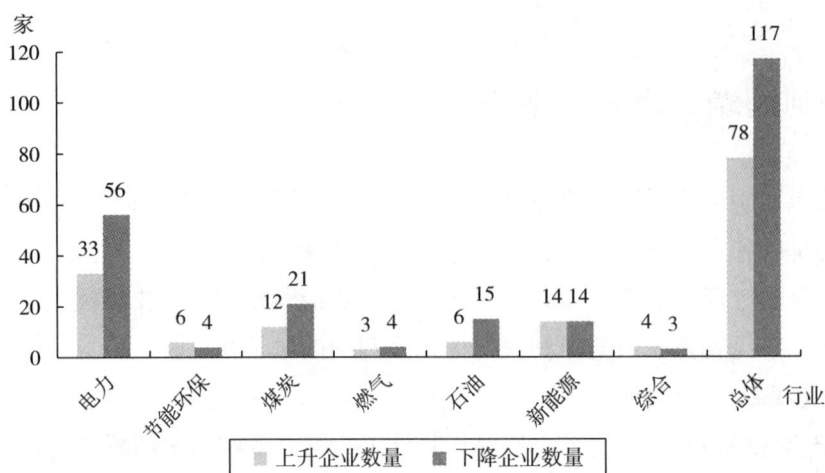

图 4-5 "500 强"上市公司净利润率上升及下降企业数分布情况

幅上升。其原因一是前期高价库存已消耗，同时原料煤采购成本下降，产品的生产成本下降，公司加强管理，降低成本，原料充足，产量上升；二是收到了以前年度公司所购买煤矿原股东兑现的利润补偿，从而增加了营业外收入。2014 年兰石重装从控股股东兰石集团收到出城入园项目补偿款 4.9 亿元，从而利润大增。2014 年远兴能源完成重大资产重组，新增并表子公司河南中源化学股份有限公司当年实现净利润 5.8 亿元。国际实业主营石油石化产品的销售，2014 年净利润大幅增长主要是受公司证券投资公允价值变动的影响。吉鑫科技主营大型风电机组零部件的研发和生产，2014 年国内外风电市场稳步发展，公司业务大幅增长。泰豪科技主营军工装备、智能电力产品的研发和生产，公司规模较小，2014 年净利润率增长主要是因主营业务收入增加。2014 年净利润增长率提升幅度前 20 名企业详见表 4-14。

表 4-14 500 强上市公司净利润增长率增加幅度前 20 名企业一览表 单位：%

2015 年排名	企业名称	股票代码	股票简称	2013 年增长率	2014 年增长率	增减值
88	福建省能源集团有限责任公司	600483	福能股份	-5.08	3 316.49	3 321.57
391	七台河宝泰隆煤化工股份有限公司	601011	宝泰隆	-89.72	777.23	866.95
219	兰州兰石集团有限公司	603169	兰石重装	-26.41	759.79	786.20
207	内蒙古远兴能源股份有限公司	000683	远兴能源	-86.32	581.12	667.44
457	新疆国际实业股份有限公司	000159	国际实业	-65.33	277.70	343.03
408	江苏吉鑫风能科技股份有限公司	601218	吉鑫科技	79.97	365.76	285.79
333	泰豪科技股份有限公司	600590	泰豪科技	-71.74	196.09	267.83
214	阳光凯迪新能源集团有限公司	000939	凯迪生态	-15.21	211.55	226.76
13	中国华信能源有限公司	002018	华信国际	-60.91	142.40	203.31
411	沈阳惠天热电股份有限公司	000692	惠天热电	-32.36	136.86	169.22
121	新疆金风科技股份有限公司	002202	金风科技	162.07	327.44	165.37
32	新疆广汇实业投资（集团）有限责任公司	600256	广汇能源	-23.51	123.48	146.99
499	北海银河产业投资股份有限公司	000806	银河生物	-52.18	85.89	138.08

续表

2015 年排名	企业名称	股票代码	股票简称	2013 年增长率	2014 年增长率	增减值
432	洲际油气股份有限公司	600759	洲际油气	-83.95	46.20	130.15
104	中国煤炭科工集团有限公司	600582	天地科技	-36.84	64.82	101.66
294	宁波杉杉股份有限公司	600884	杉杉股份	12.67	111.96	99.29
480	苏州道森钻采设备股份有限公司	603800	道森股份	-18.17	76.85	95.02
276	欣旺达电子股份有限公司	300207	欣旺达	15.34	106.20	90.86
204	中国第一重型机械股份公司	601106	中国一重	-47.97	39.70	87.67
274	广州恒运企业集团股份有限公司	000531	穗恒运 A	26.51	112.76	86.24

在 117 家净利润增长率下降的企业中，下降超过 200% 的企业多达 20 家，其中电力企业 9 家，煤炭企业 5 家，石油、新能源企业各 2 家，燃气和节能环保企业各 1 家。下降幅度前 5 名企业分别为中科英华高技术股份有限公司（公司 2016 年更名为诺德投资股份有限公司，股票简称诺德股份）、上海游久游戏股份有限公司（股票简称游久游戏）、*ST 百花、河南神火集团有限公司旗下的神火股份，山西漳泽电力股份有限公司（股票简称章泽电力）。除章泽电力外，其他 4 家企业 2013 年净利润增长率均已大幅下滑。诺德股份主营电子信息材料、电线、电缆、石油化工等，2014 年公司调整铜箔产品结构、郑州电线电缆公司暂时停产、石油价格下降等因素影响了公司净利润。游久游戏、*ST 百花和神火股份主营业务为煤炭，其净利润增长率下滑主要受煤炭产能过剩、价格大幅下降的影响。游久游戏前身为上海爱使股份有限公司，通过联姻久游网络，2014 年公司主营业务转型为游戏和煤炭。漳泽电力 2013 年通过定向增发购买同煤集团 5 家发电资产，致使当年净利润异常。2014 年净利润增长率增加幅度前 20 名的企业详见表 4 - 15。

表 4 - 15 能源集团 500 强上市公司净利润增长率增长幅度前 20 名企业一览表　单位:%

2015 年排名	企业名称	股票代码	股票简称	2013 年净利润增长率	2014 年净利润增长率	增减值
392	中科英华高技术股份有限公司	600110	诺德股份	-76.14	-19 578.35	-19 502.22
404	上海游久游戏股份有限公司	600652	游久游戏	-98.42	-6 247.88	-6 149.46
465	新疆百花村股份有限公司	600721	*ST 百花	-86.12	-6 170.38	-6 084.25
94	河南神火集团有限公司	000933	神火股份	-84.51	-2 331.31	-2 246.80
168	山西漳泽电力股份有限公司	000767	漳泽电力	1 384.68	12.33	-1 372.35
252	新奥生态控股股份有限公司	600803	新奥股份	1 166.51	16.76	-1 149.75
407	长春燃气股份有限公司	600333	长春燃气	881.54	-42.37	-923.91
304	河南豫能控股股份有限公司	001896	豫能控股	585.68	35.90	-549.79
485	荣信电力电子股份有限公司	002123	荣信股份	-38.79	-511.73	-472.94
131	安徽省能源集团有限公司	000543	皖能股份	404.37	-13.98	-418.35
415	四川广安爱众股份有限公司	600979	广安爱众	10.04	-390.05	-400.08
470	中国南玻集团股份有限公司	000012	南玻 A	353.02	-43.91	-396.93

续表

2015 年排名	企业名称	股票代码	股票简称	2013 年净利润增长率	2014 年净利润增长率	增减值
169	河北建投能源投资股份有限公司	000600	建投能源	529.95	147.84	-382.11
254	江苏中超电缆股份有限公司	002471	中超控股	295.05	-27.87	-322.92
73	荣盛石化股份有限公司	002493	荣盛石化	-21.45	-298.68	-277.23
31	山西煤炭进出口集团有限公司	600546	山煤国际	-52.68	-324.49	-271.81
269	比亚迪股份有限公司	002594	比亚迪	264.44	-4.64	-269.08
477	深圳市广聚能源股份有限公司	000096	广聚能源	225.09	-36.18	-261.27
486	三变科技股份有限公司	002112	三变科技	232.48	-17.90	-250.39
378	双良节能股份有限公司	600481	双良节能	186.31	-44.15	-230.45

（二）净利润增长率分布情况

2014 年，229 家上市公司中有 15 家企业亏损或持续亏损，缺少数据，因此纳入统计范围的企业为 214 家。除煤炭企业外，其他各行业净利润增长率集中在（0，50%］的区间，共计 93 家。各细分行业净利润增长率分布区间详情见表 4-16。

表 4-16　能源集团 500 强上市公司净利润增长率分布情况一览表　　单位：家

区间	电力	节能环保	煤炭	燃气	石油	新能源	综合
（-∞，-200%］	4	0	6	0	1	1	0
（-200%，-150%］	0	0	0	0	1	0	0
（-150，-100%］	0	1	2	0	0	0	0
（-100%，-50%］	2	0	10	0	0	2	0
（-50%，0］	22	2	10	1	5	11	2
（0，50%］	52	6	6	5	8	12	4
（50%，100%］	6	1	1	1	3	3	0
（100%，150%］	6	0	0	0	1	2	1
（150%，200%］	2	0	0	0	0	0	0
（200%，+∞）	0	0	3	0	2	5	1

在 214 家企业中，净利润率增长率为负的企业 83 家，其中电力企业 28 家，煤炭企业 28 家（占其总数的 73%），新能源企业 14 家，石油企业 7 家，节能环保企业 3 家，综合性企业 2 家，燃气企业 1 家。净利润增长率在（-∞，-200%］的企业 12 家，其中前 6 名均为煤炭企业，分别是云南云维股份有限公司（股票简称云维股份）、*ST 煤气、诺德股份、游久游戏、*ST 百花、神火股份。如前所述，这些企业在煤炭行业进入下行通道后，经营出现困难。

在 131 家净利润增长的企业中，增长幅度在（200%，+∞）的企业 10 家，分别为福能股份、宝泰隆、兰石重装、爱康科技、远兴能源、吉鑫科技、新疆金风科技股份有限公司

（股票简称金风科技）、西安隆基硅材料股份有限公司（股票简称隆基股份）、国际实业和阳光凯迪新能源集团有限公司旗下的凯迪生态。金风科技是风电行业的龙头企业，隆基股份是光伏行业中单晶硅龙头企业，风电和光伏市场在 2014 年回暖，上述企业得以快速发展，取得较好的经营业绩。凯迪生态前身为武汉凯迪电力股份有限公司，主营生物质发电、原煤销售和环保发电。2014 年公司燃料供应取得重大突破，度电成本下降，净利润较上年大幅提升。其他公司的情况在上文已进行分析，不再赘述。

第三节　营运能力分析

营运能力是企业资产的周转运行能力，通常可以用资产周转率来对企业的营运能力进行分析。资产周转率是衡量企业资产管理效率的重要财务比率，在财务分析指标体系中具有重要地位。它可分为总资产周转率、分类资产周转率（流动资产周转率和固定资产周转率）、单项资产周转率（应收账款周转率和存货周转率等）三类。本书选择总资产周转率、存货周转率这两个财务指标对企业的营运能力进行逐层分析。营运能力反映企业资产利用的效率。营运能力强的企业，有助于获利能力的增长，进而保证企业具备良好的偿债能力，因此，高质量的资产必定体现为高效的营运能力。从总资产周转率和存货周转率这两个指标来看，2014 年 500 强上市公司的资产营运能力同比下降。

一、总资产周转率大幅下降

总资产周转率是考察企业资产运营效率的一项重要指标，体现了企业经营期间全部资产从投入到产出的流转速度，反映了企业全部资产的管理质量和利用效率。该指标可以反映企业总资产的运营效率和变化，通过对比分析可以发现企业与同类企业在资产利用上的差距，促进企业挖掘潜力，积极创收，提高产品市场占有率和资产利用效率。一般情况下，该数值越高，表明企业总资产周转速度越快，销售能力越强，资产利用效率越高。

总资产周转率的计算公式：

$$总资产周转率（次）= 营业收入净额／平均资产总额$$

其中，营业收入净额是减去销售折扣及折让后的净额；平均资产总额是指企业资产总额年初数与年末数的平均值。

（一）总资产周转率变动情况

2014 年，229 家上市公司总资产周转率中值为 0.52 次／年，同比下降 7.56%。除燃气和新能源行业外，其他行业中值均出现不同程度的下降，煤炭、石油行业下降幅度在 20% 以上。各行业总资产周转率中值情况详见表 4 – 17。

表 4-17　500 强上市公司总资产周转率中值情况

行业	2013 年中值（次/年）	2014 年中值（次/年）	增减幅度（%）
电力	0.56	0.54	-3.43
节能环保	0.72	0.61	-15.30
煤炭	0.60	0.48	-20.94
燃气	0.52	0.58	10.45
石油	0.88	0.69	-21.77
新能源	0.53	0.56	4.82
综合	0.30	0.27	-9.99
总体	0.56	0.52	-7.56

在 229 家上市公司中，总资产周转率上升的企业 85 家，下降的企业 143 家，1 家电力企业维持上年的水平。除节能环保和新能源行业外，其他行业总资产周转率上升的企业数量均低于下降的企业数。在 40 家煤炭企业中，只有 4 家企业总资产周转率同比上升，反映了煤炭行业总体资产运行质量下降。各行业总资产周转率上升企业数与下降企业数情况详见图 4-6。

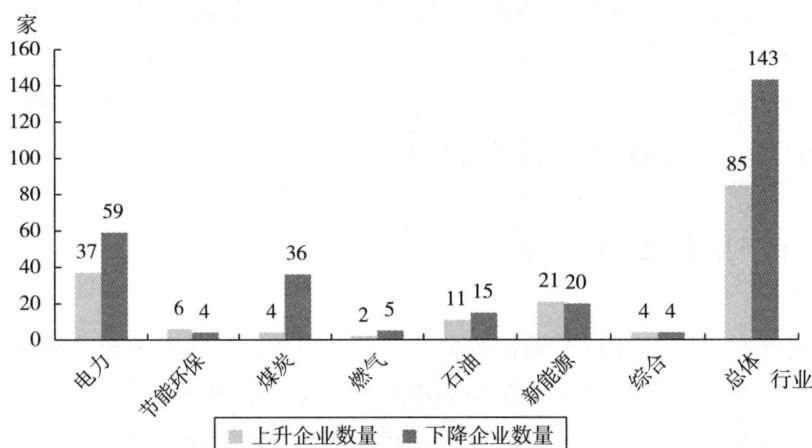

图 4-6　能源集团 500 强上市公司总资产周转率上升与下降企业情况

在 85 家总资产周转率上升的企业中，增幅在 50% 以上的企业 3 家，分别为国家开发投资公司旗下的国投电力、协鑫集成、贵州黔源电力股份有限公司（股票简称黔源电力）。国投电力主营电的生产和销售，2014 年公司营业收入同比增幅 16.30%，主要原因是锦屏几台水电机组投产及 2013 年投产的机组全面发挥效益。此外，公司调整资产结构，退出曲靖电厂、张家口风电和两家煤炭运销公司，在增加营业外收入同时，降低了资产总额。2014 年公司资产总额同比增长 8.18%，远低于收入增长幅度。协鑫集成受重组的影响。黔源电力主营水电、火电站的开发和经营，2014 年公司营业总收入同比增长 111.04%，主要是公司电站所属流域来水同比大幅增加，同时上半年牛都水电站（装机 2 万千瓦）投入运行，下半年善泥坡水电站（装机 18.55 万千瓦）1 号机组投入试运行，发电量大幅增加。公司总资产同比增长 8.38%。2014 年，总资产周转率增幅前 20 名企业详见表 4-18。

表 4-18　能源集团 500 强上市公司总资产周转率增幅前 20 名企业

2015 年排名	企业名称	股票代码	股票简称	2013 年总资产周转率（次/年）	2014 年总资产周转率（次/年）	增减幅度（%）
29	国家开发投资公司	600886	国投电力	0.1856	2.7772	1 396.34
345	协鑫集成科技股份有限公司	002506	协鑫集成	0.0797	0.5757	622.33
372	贵州黔源电力股份有限公司	002039	黔源电力	0.0615	0.1200	95.12
207	内蒙古远兴能源股份有限公司	000683	远兴能源	0.3130	0.4603	47.06
406	浙江向日葵光能科技股份有限公司	300111	向日葵	0.3799	0.5454	43.56
489	浙江精功科技股份有限公司	002006	精功科技	0.3524	0.4901	39.07
274	广州恒运企业集团股份有限公司	000531	穗恒运 A	0.4029	0.5534	37.35
292	西安隆基硅材料股份有限公司	601012	隆基股份	0.4844	0.6609	36.44
286	上海航天汽车机电股份有限公司	600151	航天机电	0.3542	0.4574	29.14
325	广东韶能集团股份有限公司	000601	韶能股份	0.2724	0.3479	27.72
438	北京科锐配电自动化股份有限公司	002350	北京科锐	0.6752	0.8512	26.07
443	北京国电清新环保技术股份有限公司	002573	清新环境	0.2394	0.3017	26.02
276	欣旺达电子股份有限公司	300207	欣旺达	0.8940	1.1234	25.66
297	华锐风电科技（集团）股份有限公司	601558	华锐风电	0.1390	0.1746	25.61
490	永清环保股份有限公司	300187	永清环保	0.4927	0.6142	24.66
65	宁夏宝塔石化集团有限公司	000595	宝塔实业	0.3423	0.4235	23.72
413	乐山电力股份有限公司	600644	乐山电力	0.4369	0.5401	23.62
41	中国长江三峡集团公司	600900	长江电力	0.1489	0.1814	21.83
248	保定天威集团有限公司	600550	保变电气	0.3466	0.4212	21.52
381	通裕重工股份有限公司	300185	通裕重工	0.2522	0.3006	19.19

在 143 家总资产周转率下降的企业中，降幅前 5 名的企业为海越股份、山西省国新能源发展集团有限公司旗下的国新能源、杭州锅炉集团股份有限公司（股票简称杭锅股份）、豫能控股和洲际油气。海越股份 2014 年营业收入同比下降 32.92%，总资产则同比增长 37.24%。营业收入下降主要受油品销售收入大幅下降的影响。国新能源前身是上海联华合纤股份有限公司，2014 年公司资产重组，注入山西天然气长输管道和城镇燃气经营资产。受此影响，总资产周转率下降。杭锅股份主营锅炉制造和贸易服务，公司是目前国内规模最大、品种最全的余热锅炉研究、开发、设计和制造基地，受经济下行和新增投资的减少，公司 2014 年营业收入同比下降 47.28%。2014 年是洲际油气从主营房地产向油气转型的一年，受石油价格下降的影响，公司营业收入同比下降 15.58%，总资产则因收购马腾公司的股权同比上升 70.37%。总资产周转率降幅前 20 名企业详见表 4-19。

表 4 - 19　能源集团 500 强上市公司总资产周转率降幅前 20 名企业

2015 年排名	企业名称	股票代码	股票简称	2013 年总资产周转率（次/年）	2014 年总资产周转率（次/年）	增减幅度（％）
323	浙江海越股份有限公司	600387	海越股份	0.8954	0.3748	-58.14
69	山西省国新能源发展集团有限公司	600617	国新能源	0.8129	0.4399	-45.89
315	杭州锅炉集团股份有限公司	002534	杭锅股份	0.8128	0.4508	-44.54
304	河南豫能控股股份有限公司	001896	豫能控股	0.7169	0.3989	-44.36
432	洲际油气股份有限公司	600759	洲际油气	0.2580	0.1481	-42.60
460	河南森源电气股份有限公司	002358	森源电气	0.5786	0.3423	-40.84
113	江西省能源集团公司	600397	安源煤业	1.9450	1.1517	-40.79
252	新奥生态控股股份有限公司	600803	新奥股份	0.8872	0.5398	-39.16
206	湖北能源集团股份有限公司	000883	湖北能源	0.3477	0.2225	-36.01
143	太原煤炭气化（集团）有限责任公司	000968	*ST 煤气	0.1971	0.1270	-35.57
219	兰州兰石集团有限公司	603169	兰石重装	0.4751	0.3099	-34.77
485	荣信电力电子股份有限公司	002123	荣信股份	0.3471	0.2340	-32.58
19	河南能源化工集团有限责任公司	600403	大有能源	0.6983	0.4732	-32.24
28	中国平煤神马能源化工集团有限责任公司	601666	平煤股份	0.8087	0.5563	-31.21
11	冀中能源集团有限责任公司	000937	冀中能源	0.6362	0.4409	-30.70
3	国家电网公司	600406	国电南瑞	0.9143	0.6346	-30.59
251	云南煤业能源股份有限公司	600792	云煤能源	1.1065	0.7701	-30.40
421	岳阳兴长石化股份有限公司	000819	岳阳兴长	2.7498	1.9431	-29.34
38	浙江省能源集团有限公司	600023	浙能电力	0.6219	0.4503	-27.59
194	永泰能源股份有限公司	600157	永泰能源	0.2183	0.1587	-27.30

（二）总资产周转率分布情况

从总资产周转率分布来看，除电力行业外，（0，0.5］是各行业分布最为集中的区域，有 108 家企业。电力行业集中分布在（0.5，1.0］和（0，0.5］两个区间。各细分行业总资产周转率分布情况详见表 4 - 20。

表 4 - 20　能源集团 500 强上市公司总资产周转率分布情况　　　　单位：家

区间	电力	节能环保	煤炭	燃气	石油	新能源	综合
（0，0.5］	41	4	23	3	12	18	7
（0.5，1.0］	45	4	12	3	4	18	1
（1.0，1.5］	9	2	4	1	5	3	0
（1.5，2.0］	1	0	1	0	3	1	0
（2.0，2.5］	0	0	0	0	0	1	0
（2.5，3.0］	1	0	0	0	0	0	0
（3.0，+∞）	0	0	0	0	2	0	0

总资产周转率超过 3 次/年的企业共计 2 家，分别是上海龙宇燃油股份有限公司（3.611，股票简称龙宇燃油）和茂名石化实华股份有限公司（3.5652，股票简称茂化实

华）。龙宇燃油主营燃料油供应服务，2014 年开辟大宗商品国际贸易业务，公司从事零售批发行业，是贸易型企业，资金周转快是其行业特点。茂化实华主营聚丙烯、液化气等石油化工产品的生产和销售。2014 年，公司通过乙醇胺、醋酸仲丁酯和 MTBE 等生产新技术的研发和应用，优化了产品结构，提升了产品技术含量和附加值，从而增强了产品市场竞争力，提升了公司创效益能力，主要产品实现产销基本平衡。

总资产周转率在 2 ~ 3 次／年的企业共计 2 家，分别为国投电力（2.7772）和上海汇通能源股份有限公司（2.4173，股票简称汇通能源）。国投电力 2014 年发电量大增，上网电量也同步大幅上升。汇通能源主营风力发电、有色金属贸易和房屋租赁及物业管理。其中贸易收入是公司营业收入的主要来源，风电是公司战略重点，目前风电资产位于一类风资源区内蒙古。从资产结构上看，公司属于贸易型企业，资金周转较快。

二、存货周转率略有下降

存货周转率是衡量和评价企业购入存货、投入生产、销售收回等各环节管理状况的综合性指标，它是企业一定时期内销货成本与平均存货余额的比率。存货周转率是企业营运能力分析的重要指标之一，在企业管理决策中被广泛地使用。存货周转率不仅可以用来衡量企业生产经营各环节中存货运营效率，而且还被用来评价企业的经营业绩，反映企业的绩效。一般来讲，存货周转速度越快，存货的占用水平越低，流动性越强，存货转换为现金或应收账款的速度越快。提高存货周转率可以提高企业的变现能力，而存货周转速度越慢则变现能力越差。

存货周转率的计算公式：

$$存货周转率(次数) = 销货成本 ／ 平均存货余额$$

其中：平均存货余额 ＝ （期初存货 ＋ 期末存货） ÷2

（一）存货周转率变动情况

2014 年 229 家上市公司存货周转率中值为 5.30 次／年，同比下降 1.7%，其中节能环保和综合性行业下降幅度较大，均超过 20%，煤炭行业基本与上年持平，主要得益于煤炭企业采取了降本增效以应对行业下滑的措施。各行业存货周转率中值情况详见表 4 - 21。

表 4 - 21　500 强上市公司存货周转率中值情况

行业	2013 年中值（次／年）	2014 年中值（次／年）	增幅（%）
电力	4.37	4.50	3.03
节能环保	4.68	3.49	− 25.47
煤炭	9.01	9.04	0.30
燃气	11.82	11.55	− 2.26
石油	7.25	6.93	− 4.35
新能源	4.20	4.28	1.87
综合	16.61	12.55	− 24.46
总体	5.39	5.30	− 1.70

在 229 家企业中，存货周转率比上年增加的企业 118 家，下降的企业 111 家。其中，煤炭和综合性行业存货周转率下降企业数多于上升企业数，节能环保持平，其他行业上升的企业数均多于下降的企业数。各行业存货周转率下降和上升企业数分布情况详见图 4-7。

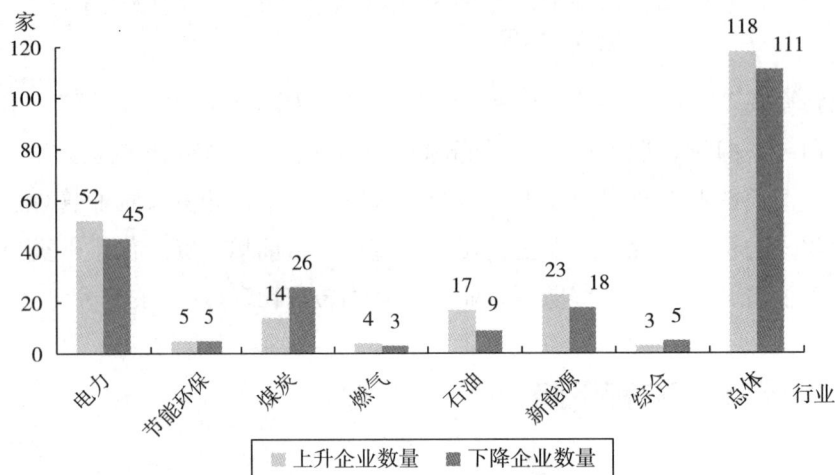

图 4-7　能源集团 500 强上市公司存货周转率上升和下降企业数量分布情况

在 118 家存货周转率上升的企业中，增幅超过 100% 的企业 6 家，分别为黔能股份、深圳市广聚能源股份有限公司（股票简称广聚能源）、协鑫集成、福能股份、游久游戏、宁波热电。黔源电力以水电为主，无原材料和产成品电力库存，公司的存货以维持运营的设备备用件为主，量很小，因而周转率较高。2014 年黔源电力发电量大幅提升，电力销售成本随着发电量的增加而增加，从而带动存货周转率的大幅提升。协鑫集成、福能股份、游久游戏如前文所述，受重大资产重组的影响。宁波热电主营热电和大宗商品贸易，产品均具高周转特点。2014 年公司营业收入较上年增长 42.49%，主要是 2014 年下半年受宏观资金面宽松影响，大宗商品交易趋于活跃，公司商品贸易额增加。2014 年存货周转率增幅前 20 名企业详见表 4-22。

表 4-22　能源集团 500 强上市公司存货周转率增幅前 20 名企业

2015 年排名	企业名称	股票代码	股票简称	2013 年存货周转率（次/年）	2014 年存货周转率（次/年）	增幅（%）
372	贵州黔源电力股份有限公司	002039	黔源电力	1 334.832	9 136.2811	584.45
477	深圳市广聚能源股份有限公司	000096	广聚能源	10.9048	56.7008	419.96
345	协鑫集成科技股份有限公司	002506	协鑫集成	3.0350	9.8150	223.39
88	福建省能源集团有限责任公司	600483	福能股份	5.4176	15.0050	176.97
404	上海游久游戏股份有限公司	600652	游久游戏	266.1026	560.0465	110.46
468	宁波热电股份有限公司	600982	宁波热电	12.5996	25.7433	104.32
413	乐山电力股份有限公司	600644	乐山电力	8.1230	15.9150	95.93
260	广东宝丽华新能源股份有限公司	000690	宝新能源	5.3007	10.0389	89.39
327	江苏爱康太阳能科技股份有限公司	002610	爱康科技	7.9751	14.6627	83.86
274	广州恒运企业集团股份有限公司	000531	穗恒运 A	1.6907	2.8853	70.66

续表

2015 年排名	企业名称	股票代码	股票简称	2013 年存货周转率（次/年）	2014 年存货周转率（次/年）	增幅（%）
490	永清环保股份有限公司	300187	永清环保	1.1548	1.9327	67.36
489	浙江精功科技股份有限公司	002006	精功科技	1.3334	2.2144	66.07
387	深圳市科陆电子科技股份有限公司	002121	科陆电子	1.9919	3.0000	50.61
242	上海龙宇燃油股份有限公司	603003	龙宇燃油	14.5551	21.5345	47.95
465	新疆百花村股份有限公司	600721	*ST 百花	2.8687	4.1312	44.01
141	东华能源股份有限公司	002221	东华能源	7.1883	10.2518	42.62
65	宁夏宝塔石化集团有限公司	000595	宝塔实业	1.4208	2.0253	42.55
500	石家庄东方热电股份有限公司	000958	东方能源	7.0957	10.0489	41.62
483	北京动力源科技股份有限公司	600405	动力源	1.6385	2.2772	38.98
457	新疆国际实业股份有限公司	000159	国际实业	1.1180	1.5419	37.92

在 111 家存货周转率下降的企业中，降幅超过 50% 的企业 3 家，分别为海越股份、湖北能源集团股份有限公司（股票简称湖北能源）和凯迪生态。2014 年海越股份主营业务成品油销售下降 38.44%，销售成本随之下降 38.97%，期末存货则比期初增加了两倍多，主要是子公司宁波海越新材料有限公司 138 万吨/年丙烷与混合碳四利用项目一期工程投运，期末原材料库存增加所致。湖北能源主营电力、天然气和煤炭贸易，贸易成本占其经营成本的 50% 以上，2014 年公司减少了煤炭贸易量，贸易成本同比大幅下降。凯迪生态原煤销售板块受煤炭市场下滑的影响，使得 2014 年库存量较上年增加 71.2%，而公司销售成本较上年小幅增加。2014 年存货周转率降幅前 20 名企业详见表 4 - 23。

表 4 - 23　500 强上市公司存货周转率降幅前 20 名企业

2015 年排名	企业名称	股票代码	股票简称	2013 年存货周转率（次/年）	2014 年存货周转率（次/年）	降幅（%）
323	浙江海越股份有限公司	600387	海越股份	31.5183	6.1753	-80.41
206	湖北能源集团股份有限公司	000883	湖北能源	53.1644	19.5649	-63.20
214	阳光凯迪新能源集团有限公司	000939	凯迪生态	8.0616	3.8958	-51.67
432	洲际油气股份有限公司	600759	洲际油气	0.6850	0.3616	-47.21
479	山西美锦能源股份有限公司	000723	美锦能源	8.7145	4.7492	-45.50
194	永泰能源股份有限公司	600157	永泰能源	16.6107	9.4584	-43.06
19	河南能源化工集团有限责任公司	600403	大有能源	16.7271	10.0952	-39.65
118	太原重型机械集团有限公司	600169	太原重工	2.3273	1.4113	-39.36
113	江西省能源集团公司	600397	安源煤业	69.0187	42.6001	-38.28
498	徐州燃控科技股份有限公司	300152	科荣环境	4.5750	2.8640	-37.40
315	杭州锅炉集团股份有限公司	002534	杭锅股份	4.8648	3.0459	-37.39
460	河南森源电气股份有限公司	002358	森源电气	2.2102	1.4090	-36.25
94	河南神火集团有限公司	000933	神火股份	8.6246	5.5247	-35.94

续表

2015 年排名	企业名称	股票代码	股票简称	2013 年存货周转率（次/年）	2014 年存货周转率（次/年）	降幅（%）
485	荣信电力电子股份有限公司	002123	荣信股份	1.4168	0.9084	-35.88
393	林州重机集团股份有限公司	002535	林州重机	3.1446	2.0270	-35.54
14	大同煤矿集团有限责任公司	601001	大同煤业	14.0501	9.1515	-34.87
11	冀中能源集团有限责任公司	000937	冀中能源	17.9717	12.5401	-30.22
307	华西能源工业股份有限公司	002630	华西能源	2.0551	1.4431	-29.78
28	中国平煤神马能源化工集团有限责任公司	601666	平煤股份	15.8520	11.2076	-29.30
382	云南文山电力股份有限公司	600995	文山电力	560.5702	406.0163	-27.57

（二）存货周转率分布情况

从 229 家上市公司 2014 年存货周转率分布情况看，（0，10］是各行业最集中的区域，共计 156 家企业，其次是（10，20］的区间，有 44 家企业。从行业看，电力、煤炭和石油行业内部企业情况差异较大，分散度较高。各行业存货周转率分布情况详见表 4-24。

表 4-24　500 强上市公司存货周转率分布情况　　　　　　　　单位：家

区间	电力	节能环保	煤炭	燃气	石油	新能源	综合
（0，10］	67	9	23	2	15	36	4
（10，20］	20	0	10	2	6	4	2
（20，30］	3	1	2	1	3	0	1
（30，40］	2	0	1	0	0	0	0
（40，50］	1	0	2	0	1	0	0
（50，60］	1	0	0	0	1	0	0
（60，70］	0	0	1	0	0	0	0
（70，+∞）	3	0	1	2	0	1	1

在 229 家上市公司中，存货周转率在（70，+∞）的企业 8 家，分别为汇通能源、黔源电力、游久游戏、云南文山电力股份有限公司（股票简称文山电力）、甘肃省电力投资集团有限责任公司旗下的甘肃电投、中油金鸿天然气输送有限公司旗下的金鸿能源、国新能源、陕西燃气集团有限公司旗下的陕天然气。其中汇通能源、金鸿能源、陕天然气主营业务为天然气长输管道和城市燃气管网的经营，黔源电力、文山电力、甘肃电投以水电为主，上述企业产品特点是无原材料和产成品库存，存货水平低，周转率高，销售量越大，周转率越高。游久游戏受资产重组的影响，游戏业务增加，弱化了公司能源类企业的性质。

第四节　偿债能力分析

偿债能力是指企业偿还到期债务的能力，是反映企业财务状况和经营能力的重要标志，可分为短期偿债能力和长期偿债能力。偿债能力的大小直接关系到企业所面临的财务风险的大小。通过对企业的财务报告等会计资料进行分析，可以了解企业资产的流动性、负债水平以及偿还债务的能力，从而评价企业的财务状况和财务风险，为管理者、投资者和债权人提供企业偿债能力的财务信息。影响企业偿债能力的因素有很多，本书主要从资产负债率、利息保障倍数方面来分析行业和企业的长期偿债能力。

一、资产负债率小幅下降

资产负债率是指负债总额与资产总额的比值，它反映企业资产对负债的保障程度。适度的负债规模能表明企业活力充沛，究竟多少合适，一般没有确定标准。资产负债率太低，说明企业负债规模过小，经营理念保守。而在经营良好的前提下，资产负债率高，有利于通过扩大经营规模以及利用财务杠杆效应获得更大收益。合理的资产负债率一般在 50% 左右，超过 100%，则企业面临破产边缘。根据我国工业企业特点，资产负债率一般在 60% 以下较为合适。

（一）资产负债率变动情况

2014 年 229 家上市公司资产负债率中值为 54.78%，比上年减少 0.15%。其中，节能环保和煤炭行业资产负债率中值上升，其他行业均不同程度的下降。各行业资产负债率中值变化情况详见表 4 - 25。

表 4 - 25　能源集团 500 强上市公司资产负债率中值变化情况　　　　　单位:%

行业	2013 年中值	2014 年中值	增减值
电力	57.24	56.61	-0.63
节能环保	42.76	43.72	0.97
煤炭	52.41	52.52	0.11
燃气	59.87	56.39	-3.48
石油	53.96	50.11	-3.86
新能源	52.78	52.68	-0.10
综合	64.63	62.06	-2.57
总体	54.93	54.78	-0.15

2014 年，在 229 家上市公司中，资产负债率下降的企业 105 家，上升的企业 124 家。其中，煤炭行业资产负债率上升的企业明显多于下降的企业，煤炭行业的风险随着持续的行业下滑而增加。与煤炭行业不同，新能源行业随着政策利好的不断释放，负债扩张的步伐增加，2014 年新能源行业资产负债率上升的企业比下降的企业多出 9 家。各行业资产负债率变化情况详见图 4 - 8。

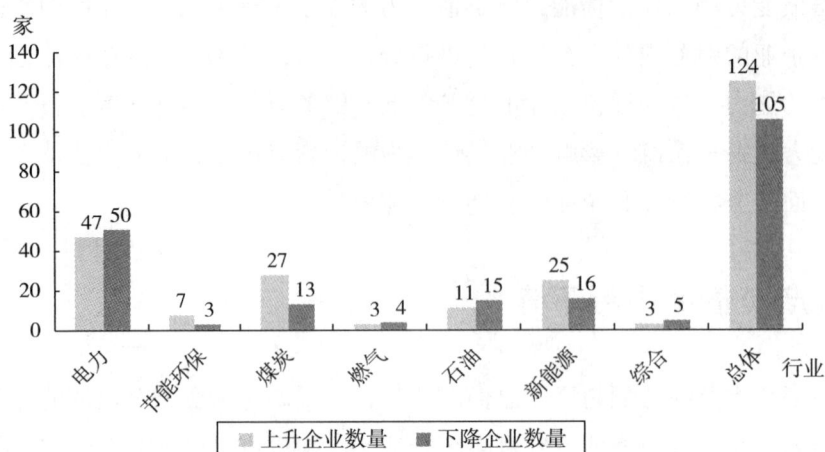

图 4-8　能源集团 500 强上市公司资产负债率上升与下降企业数量分布情况

在 105 家资产负债率下降的企业中，下降超过 15% 的企业共计 5 家，分别为退市长油、乐山电力、宁波热电、浙江上风实业股份有限公司（2015 年更名盈峰环境科技集团股份有限公司，股票简称盈峰环境）、纽威股份。退市长油因连年亏损，失去贷款能力。乐山电力因控股子公司乐电天威破产清算，其负债不再计入公司报表，此外，公司归还了 2 亿元短期债券，负债额大幅降低。宁波热电 2014 年非公开发行股票募资 11.99 亿元，货币资金和股本大幅增加。盈峰环境主营电磁线、风机及配件的生产和销售。2014 年公司为整合风机产业、补充流动资金，通过非公开发行股票募资 4.22 亿元，用来收购上虞专用风机有限公司 100% 的股权，资产规模扩大，同时减少短期借款 3 亿多元。2014 年资产负债率下降幅度前 20 名企业详见表 4-26。

表 4-26　能源集团 500 强上市公司资产负债率降幅前 20 名企业　　　单位：%

2015 年排名	企业名称	股票代码	股票简称	2013 年资产负债率	2014 年资产负债率	增减值
243	中国长江航运集团南京油运股份有限公司	600087	退市长油	114.5386	78.6481	-35.8905
413	乐山电力股份有限公司	600644	乐山电力	89.4877	62.9490	-26.5387
468	宁波热电股份有限公司	600982	宁波热电	37.4780	17.1730	-20.3050
324	浙江上风实业股份有限公司	000967	盈峰环境	61.5070	42.5011	-19.0059
341	苏州纽威阀门股份有限公司	603699	纽威股份	55.3303	39.8528	-15.4775
268	三安光电股份有限公司	600703	三安光电	47.5279	32.6567	-14.8712
345	协鑫集成科技股份有限公司	002506	协鑫集成	104.4356	89.5751	-14.8605
169	河北建投能源投资股份有限公司	000600	建投能源	71.2163	56.6119	-14.6044
271	烟台杰瑞石油服务集团股份有限公司	002353	杰瑞股份	41.4141	27.1770	-14.2371
274	广州恒运企业集团股份有限公司	000531	穗恒运 A	67.6730	53.5875	-14.0855
256	天津中环半导体股份有限公司	002129	中环股份	65.9607	52.6772	-13.2835
432	洲际油气股份有限公司	600759	洲际油气	65.9720	53.0371	-12.9349
297	华锐风电科技（集团）股份有限公司	601558	华锐风电	62.0653	49.6128	-12.4525

2015 年排名	企业名称	股票代码	股票简称	2013 年资产负债率	2014 年资产负债率	增减值
424	宁夏银星能源股份有限公司	000862	银星能源	92.7414	80.4407	-12.3007
249	海润光伏科技股份有限公司	600401	海润光伏	80.4563	68.9091	-11.5472
489	浙江精功科技股份有限公司	002006	精功科技	59.5124	48.86	-10.6524
266	河南平高电气股份有限公司	600312	平高电气	49.1970	38.5677	-10.6293
248	保定天威集团有限公司	600550	保变电气	97.1741	86.7766	-10.3975
239	陕西燃气集团有限公司	002267	陕天然气	62.7982	52.8042	-9.9940
410	宁波东方电缆股份有限公司	603606	东方电缆	62.7843	53.0899	-9.6944

在 124 家资产负债率上升的企业中，增长超过 15% 的企业 6 家，分别为株洲时代新材料科技股份有限公司（股票简称时代新材）、福能股份、科力远、华油惠博普科技股份有限公司（股票简称惠博普）、龙宇燃油、徐州燃控科技股份有限公司（股票简称科融环境）。时代新材以高分子复合材料研究及工程化应用为核心，产品面向轨道交通、汽车和风力发电及特种装备。2014 年公司在银行间市场成功发行 7 亿元中期票据，新增 15 亿元长期银行贷款，斥资 23.71 亿元，以现金收购方式完成对德国采埃孚集团下属的 BOGE 橡胶与塑料业务的并购，由此推高了资产负债率。福能股份资产负债率增加受资产重组的影响及控股股股东为支持企业发展提供的委托贷款增加。因投入增加和票据结算额大幅增减，科力远 2014 年短期借款和应付票据额同比大幅增加，致使负债比上年增加 6.53 亿元，而资产总额只增加 5 亿元。惠博普主营油气田装备及工程服务、环保装备及服务、油气资源开发及利用。2014 年公司两个海外 EPC 项目按期完工，标志着公司由传统油气装备业务向 EPC 转型成功，年末又中标哈萨克斯坦阿特劳脱硫设备建设项目，使公司真正意义上实现独立承揽项目规模级别较大的外资公司运营的油田建设项目，有效地突破了以往大项目源自三大石油公司的局面，拓宽了业务领域。为实现公司上中下游一体化的发展战略，年内公司完成对油气开发公司泛华能源有限公司 100% 股权的收购。由于经营活动对流动资金的需求增加，公司 2014 年股东短期借款大幅增加，使得其他应付款从年初的 5 343 万元上升到年末的 4.32 亿元，银行短期借款也从年初的 2.5 亿元上升到年末的 3.8 亿元。龙宇燃油在油气市场外部环境没有好转的情况下，公司拓展了大宗商品国际贸易，受支付方式的影响，公司应付账款从年初的 4 835 万元猛增到 6.82 亿元，助推了资产负债率的大幅提升。徐州燃控科技股份有限公司 2015 年更名为徐州科融环境资源股份有限公司，股票简称变更为科融环境，公司原主营烟气治理，2012 年上市后募投项目"锅炉点火及燃烧成套设备和控制系统的设计制造"在 2014 年全部完成，年内并购了蓝天环保公司。产品领域的拓展增加了公司的创收能力，2014 年总收入与同比增长 47.65%，流动资金的需求增加，银行短期借款从年初的 2 250 万元激增到 2.3 亿元。2014 年资产负债率增加幅度前 20 名企业详见表 4 - 27。

表 4 – 27　能源集团 500 强上市公司资产负债率增幅前 20 名企业　　　单位：%

2015 年排名	企业名称	股票代码	股票简称	2013 年资产负债率	2014 年资产负债率	增减值
429	株洲时代新材料科技股份有限公司	600458	时代新材	44.2962	71.2787	26.9825
88	福建省能源集团有限责任公司	600483	福能股份	32.2579	57.3578	25.0999
495	湖南科力远新能源股份有限公司	600478	科力远	36.8835	55.0035	18.1200
433	华油惠博普科技股份有限公司	002554	惠博普	27.1550	45.0833	17.9283
242	上海龙宇燃油股份有限公司	603003	龙宇燃油	35.5645	52.6000	17.0355
498	徐州燃控科技股份有限公司	300152	科融环境	23.7198	39.0429	15.3231
387	深圳市科陆电子科技股份有限公司	002121	科陆电子	54.1021	68.4244	14.3223
276	欣旺达电子股份有限公司	300207	欣旺达	54.0005	67.4401	13.4396
292	西安隆基硅材料股份有限公司	601012	隆基股份	36.1636	49.4125	13.2489
360	常熟风范电力设备股份有限公司	601700	风范股份	18.4754	31.5421	13.0667
460	河南森源电气股份有限公司	002358	森源电气	32.5541	45.3970	12.8429
303	山西安泰集团股份有限公司	600408	安泰集团	62.4988	74.4106	11.9118
143	太原煤炭气化（集团）有限责任公司	000968	*ST 煤气	69.7114	81.3914	11.6800
369	江苏林洋电子股份有限公司	601222	林洋能源	19.9117	31.2874	11.3757
409	深圳市沃尔核材股份有限公司	002130	沃尔核材	44.1284	54.9100	10.7816
443	北京国电清新环保技术股份有限公司	002573	清新环境	35.2427	45.8787	10.6360
287	浙江南都电源动力股份有限公司	300068	南都电源	28.4907	39.0945	10.6038
264	青岛汉缆股份有限公司	002498	汉缆股份	18.1692	28.3909	10.2217
415	四川广安爱众股份有限公司	600979	广安爱众	58.5823	68.4214	9.8391
453	惠州亿纬锂能股份有限公司	300014	亿纬锂能	29.4663	39.2788	9.8125

（二）资产负债率分布情况

从 229 家上市公司资产负债率分布情况看，（50%，60%］是各行业相对比较集中的区域，共计 56 家企业。与其他指标相比，行业资产负债率趋同的现象不是十分显著，行业内企业间的情况相差悬殊。各行业资产负债率分布情况详见表 4 – 28。

表 4 – 28　500 强上市公司资产负债率分布情况　　　单位：家

区间	电力	节能环保	煤炭	燃气	石油	新能源	综合
（0，10%］	0	0	0	0	1	0	0
（10%，20%］	1	1	0	0	2	2	0
（20%，30%］	7	0	1	0	4	1	0
（30%，40%］	12	3	4	0	2	5	0
（40%，50%］	14	2	10	0	4	8	1
（50%，60%］	21	1	12	5	4	10	3
（60%，70%］	22	1	6	1	2	8	2
（70%，80%］	15	1	3	1	6	4	1
（80%，90%］	5	1	3	0	1	3	1
（90%，100%］	0	0	1	0	0	0	0

从表 4 - 28 可以看出，资产负债率在（70%，100%] 的企业 46 家，占 500 强上市公司的 20.09%，范围涵盖了所有行业。其中，电力企业 20 家，煤炭企业 7 家，石油企业 7 家，新能源企业 7 家，节能环保企业 2 家，综合类企业 2 家，燃气企业 1 家。在（80%，90%]的企业 14 家，详情见表 4 - 29。云南云维股份有限公司（股票简称 *ST 云维）是唯一一家超过 90% 的企业。*ST 云维主营原煤、焦煤及煤化工产品的生产和销售。煤化工产能过剩，需求疲弱，企业经营困难。2014 年因煤矿事故，公司所在区域煤矿停产，导致公司原料煤供应紧张，主要生产装置负荷较低，2014 年公司巨亏 13.4 亿元，2015 年继续亏损，2016 年公司股票被 ST。

表 4 - 29　能源集团 500 强上市公司资产负债率前 15 名企业　　　　单位：%

2015 年排名	企业名称	主营业务	股票代码	股票简称	2013 年资产负债率	2014 年资产负债率
218	云南云维股份有限公司	煤炭	600725	*ST 云维	86.7631	95.2297
52	中国核工业建设集团公司	电力	601611	中国核建	87.3771	89.7434
345	协鑫集成科技股份有限公司	新能源	002506	协鑫集成	104.4360	89.5751
248	保定天威集团有限公司	电力	600550	保变电气	97.1741	86.7766
176	湘电集团有限公司	电力	600416	湘电股份	85.6165	86.3580
53	中国节能环保集团公司	节能环保	000591	太阳能	82.3249	85.6287
9	中国电力建设集团有限公司	电力	601669	中国电建	82.1536	83.2351
69	山西省国新能源发展集团有限公司	综合	600617	国新能源	84.5066	81.6118
143	太原煤炭气化（集团）有限责任公司	煤炭	000968	*ST 煤气	69.7114	81.3914
31	山西煤炭进出口集团有限公司	煤炭	600546	山煤国际	76.5025	80.6166
424	宁夏银星能源股份有限公司	新能源	000862	银星能源	92.7414	80.4407
118	太原重型机械集团有限公司	煤炭	600169	太原重工	77.2512	80.3764
323	浙江海越股份有限公司	石油	600387	海越股份	74.7744	80.3677
223	深圳市德赛电池科技股份有限公司	新能源	000049	德赛电池	80.6481	80.3558
265	沈阳金山能源股份有限公司	电力	600396	金山股份	85.0150	80.2269

资产负债率低于 50% 的企业共计 85 家，其中电力企业 34 家，煤炭企业 15 家，石油企业 13 家，新能源企业 16 家，节能环保企业 6 家，综合性企业 1 家。深圳市广聚能源股份有限公司（股票简称广聚能源）是唯一一家资产负债率低于 10% 的企业。广聚能源主营成品油的批发和零售、液体化工仓储。截至 2014 年，公司拥有深圳西部地区最大的 3.5 万吨级石化类专用码头、300 米码头岸线的专用权及前海 71 368.5 平方米的仓储用地，在广东省内拥有 12 座加油站、74 座液体化工品储罐，并拥有深圳地区库容最大的液体化工品保税仓。公司长期保持稳健的经营风格，严格控制财务风险，保持较低的负债率。

二、利息保障倍数小幅提升

利息保障倍数是指企业经营业务收益与利息费用的比率，用于衡量企业用营业利润偿付借款利息的能力，又称利息支付倍数。它反映了企业获利能力对偿还到期债务的保障程度，既是企业举债经营的前提依据，也是衡量企业长期偿债能力大小的重要标志。要维持正常偿债能力，利息保障倍数应大于 1，且比值越高，企业长期偿债能力越强。利息保障倍数过低，偿债安全性与稳定性有下降的风险。

利息保障倍数计算公式：

$$利息保障倍数 = 息税前利润／利息费用$$

（一）利息保障倍数变动情况

2014 年，229 家上市公司利息保障倍数中值为 2.74，比 2013 年同期增长 4.9%。其中，煤炭、石油行业利息保障倍数大幅下降，降幅分别为 36.29% 和 41.47%；节能环保行业增幅显著，同比上升 127.77%。各行业利息保障倍数中值变化情况详见表 4-30。

表 4-30　能源集团 500 强上市公司利息保障倍数中值情况

行业	2013 年中值（倍）	2014 年中值（倍）	增减幅度（%）
电力	3.02	2.98	-1.42
节能环保	3.52	8.01	127.77
煤炭	2.65	1.69	-36.29
燃气	3.31	3.97	19.91
石油	2.59	1.52	-41.47
新能源	1.80	1.80	-0.08
综合	2.43	2.67	9.78
总体	2.61	2.74	4.90

在 229 家上市公司中，2014 年利息保障倍数上升的企业 122 家，下降的企业 107 家。除煤炭行业外，其他行业利息保障倍数上升的企业数量均高于下降企业的数量。各行业企业利息保障倍数上升及下降情况详见图 4-9。

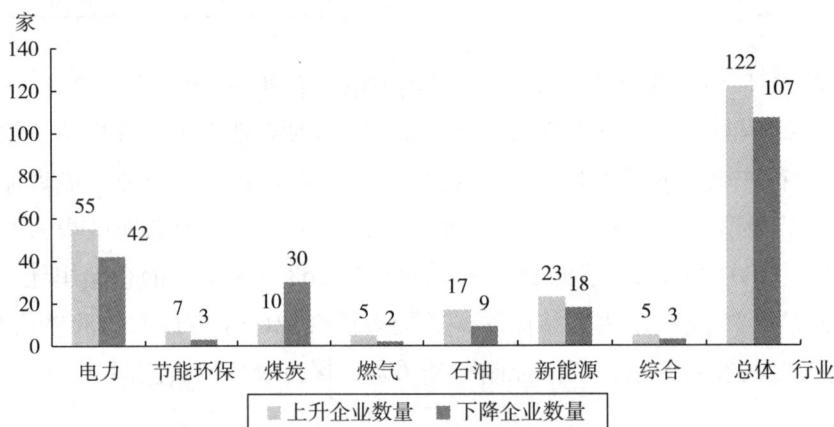

图 4-9　能源集团 500 强上市公司利息保障倍数上升及下降企业数量情况

在 112 家利息保障倍数上升的企业中，上升幅度在 100% 以上的企业 25 家，其中电力和新能源企业各 8 家,煤炭企业 4 家,石油企业 3 家,节能环保和燃气企业各 1 家。上升幅度超过 1 000% 的企业 6 家,分别为北京首航艾启威节能技术股份有限公司(股票简称首航节能)、福斯特、阳光电源股份有限公司(股票简称阳光电源)、深圳市德赛电池科技股份有限公司(股票简称德赛电池)、山西永东化工股份有限公司(股票简称永东股份)、上海泰胜风能装备股份有限公司(股票简称泰胜风能)。首航节能主营电站空冷系统的生产和销售。公司从成立以来一直致力于"以能源为核心,以技术和市场为基础,通过以点带面来拓展公司业务"的发展方式,经过多年的发展已经成为国内电站空冷市场的领军企业,业务逐步扩展到光热发电、海水淡化、电站总包、数字化设计以及压气站余热发电等,盈利能力不断加强,2014 年公司净利润增长 33.35%,资产负债率 33.92%。福斯特资产负债率较低,2014 年只有 10.75%,同比下降 8.26%,需支付的利息总额下降。阳光电源是光伏逆变器行业的龙头企业,国内市场占有率多年稳居第一,近年来公司不断向光伏电站系统集成和储能电源领域布局,竞争力不断加强,2014 年公司净利润同比增长 56.48%,资产负债率 51.5%,同比增长 3.94%。德赛电池主营移动电源管理系统和锂电的制造,2014 年公司净利润同比增长 13.76%,负债小幅下降。永东股份主营炭黑制造和煤焦油加工,2014 年公司息税前利润同比增长 12.13%,资产负债率为 37.63%,同比下降 1.47%。泰胜风能主营风力发电机塔架及海洋工程设备的生产与销售,公司是国内领先的风力发电机组配套塔架制造商,通过优势资源聚集及产业拓展,基本完成了在风电行业内集技术研发、零部件供应、风电场开发、风电场技术服务为一体的纵向产业链布局以及横向上对海上风电装备、海洋工程等高端装备制造业延伸。2014 年公司净利润同比增长 25.4%。

首航节能、福斯特、阳光电源和泰胜风能 4 家新能源企业历年利息保障倍数为负,是因为公司当年利息收入超过了利息支出,利息费用为负。2014 年利息保障倍数增幅前 20 名企业详见表 4-31。

表 4-31　能源集团 500 强上市公司利息保障倍数增幅前 20 名企业

2015 年排名	企业名称	股票代码	股票简称	2013 年利息保障倍数(倍)	2014 年利息保障倍数(倍)	增减幅度(%)
464	北京首航艾启威节能技术股份有限公司	002665	首航节能	-16.98	-652.72	3 743.21
357	杭州福斯特光伏材料股份有限公司	603806	福斯特	-148.88	-3 582.58	2 306.28
317	阳光电源股份有限公司	300274	阳光电源	-6.90	-122.66	1 676.35
223	深圳市德赛电池科技股份有限公司	000049	德赛电池	42.49	663.15	1 460.61
496	山西永东化工股份有限公司	002753	永东股份	0.39	6.07	1 452.17
425	上海泰胜风能装备股份有限公司	300129	泰胜风能	-4.38	-58.48	1 234.55
468	宁波热电股份有限公司	600982	宁波热电	13.79	106.06	668.99
480	苏州道森钻采设备股份有限公司	603800	道森股份	4.59	22.31	386.41
293	思源电气股份有限公司	002028	思源电气	-31.02	-148.93	380.14
266	河南平高电气股份有限公司	600312	平高电气	10.24	45.07	340.10
386	广东易事特电源股份有限公司	300376	易事特	15.76	62.02	293.51

续表

2015 年排名	企业名称	股票代码	股票简称	2013 年利息保障倍数（倍）	2014 年利息保障倍数（倍）	增减幅度（%）
219	兰州兰石集团有限公司	603169	兰石重装	2.61	10.24	292.68
413	乐山电力股份有限公司	600644	乐山电力	-3.15	-12.18	287.11
303	山西安泰集团股份有限公司	600408	安泰集团	-0.41	-1.53	269.66
315	杭州锅炉集团股份有限公司	002534	杭锅股份	7.24	26.13	260.99
481	成都华气厚普机电设备股份有限公司	300471	厚普股份	44.39	158.44	256.92
30	兖矿集团有限公司	600188	兖州煤业	1.04	3.45	231.45
408	江苏吉鑫风能科技股份有限公司	601218	吉鑫科技	1.40	4.30	207.05
457	新疆国际实业股份有限公司	000159	国际实业	2.42	7.34	202.95
438	北京科锐配电自动化股份有限公司	002350	北京科锐	-11.54	-34.92	202.72

在 107 家利息保障倍数下降的企业中，降幅在 200% 以上的企业 5 家，分别是海润光伏、游久游戏、＊ST 煤气、荣信电力电子股份有限公司（股票简称荣信股份）、北方华锦化学工业股份有限公司（股票简称华锦股份）。海润光伏、游久游戏、＊ST 煤气在 2014 年营业利润为负，原因在前文已有叙及。荣信股份主营节能大功率电力电子设备制造，在行业竞争加剧的市场环境中，公司经营业绩下滑，2014 年出现上市以来的首次亏损，亏损额达 3 亿多元。华锦股份主营原油加工及石油制品、化肥的生产，公司 2014 年亏损额为 16.55 亿元，偿债能力下降。2014 年利息保障倍数下降幅度前 20 名企业详见表 4-32。

表 4-32 能源集团 500 强上市公司利息保障倍数降幅前 20 名企业

2015 年排名	企业名称	股票代码	股票简称	2013 年利息保障倍数（倍）	2014 年利息保障倍数（倍）	增减幅度（%）
249	海润光伏科技股份有限公司	600401	海润光伏	0.04	-0.89	-2 102.39
404	上海游久游戏股份有限公司	600652	游久游戏	1.24	-3.19	-357.09
143	太原煤炭气化（集团）有限责任公司	000968	＊ST 煤气	1.32	-2.94	-323.14
485	荣信电力电子股份有限公司	002123	荣信股份	2.23	-3.30	-247.95
66	北方华锦化学工业股份有限公司	000059	华锦股份	0.80	-0.80	-200.09
218	云南云维股份有限公司	600725	云维股份	1.03	-1.01	-197.29
465	新疆百花村股份有限公司	600721	＊ST 百花	1.24	-1.17	-194.64
448	深圳南山热电股份有限公司	000037	＊ST 南电 A	1.40	-0.71	-150.67
495	湖南科力远新能源股份有限公司	600478	科力远	2.49	-1.10	-144.32
392	中科英华高技术股份有限公司	600110	诺德股份	1.05	-0.27	-125.68
415	四川广安爱众股份有限公司	600979	广安爱众	2.09	-0.44	-120.95
73	荣盛石化股份有限公司	002493	荣盛石化	2.59	-0.33	-112.60
31	山西煤炭进出口集团有限公司	600546	山煤国际	2.30	-0.05	-102.29
463	广州白云电气设备股份有限公司	603861	白云电器	464.33	20.90	-95.50
429	株洲时代新材料科技股份有限公司	600458	时代新材	3.52	0.25	-92.99

续表

2015 年排名	企业名称	股票代码	股票简称	2013 年利息保障倍数（倍）	2014 年利息保障倍数（倍）	增减幅度（％）
479	山西美锦能源股份有限公司	000723	美锦能源	88.16	6.98	−92.08
453	惠州亿纬锂能股份有限公司	300014	亿纬锂能	57.80	7.00	−87.89
216	山西兰花煤炭实业集团有限公司	600123	兰花科创	10.55	1.68	−84.03
34	中国中煤能源集团有限公司	601898	中煤能源	10.56	1.78	−83.15
78	皖北煤电集团有限责任公司	600971	恒源煤电	6.51	1.27	−80.44

（二）利息保障倍数分布情况

从 229 家上市公司利息保障倍数分布情况来看，（0，5〕是各行业最集中的区域，共计 113 家企业，（−∞，−5〕的企业共计 23 家，这类企业均为当年利息收入大于利息支出，致使利息费用为负，企业偿债保证能力强。（−5，0〕的企业 21 家，其中大部分企业出现亏损。各行业利息保障倍数分布情况详见表 4 − 33。

表 4 − 33　能源集团 500 强上市公司利息保障倍数分布情况　　　　单位：家

区间	电力	节能环保	煤炭	燃气	石油	新能源	综合
（−∞，−30〕	5	1	0	0	1	3	0
（−30，−25〕	1	0	0	0	0	0	0
（−25，−20〕	0	0	0	0	0	0	0
（−20，−15〕	0	0	0	0	0	0	0
（−15，−10〕	4	0	0	0	3	0	0
（−10，−5〕	2	1	1	0	1	0	0
（−5，0〕	4	0	7	0	5	4	1
（0，5〕	50	2	19	5	7	24	6
（5，10〕	12	3	8	0	3	8	1
（10，15〕	6	1	0	1	3	0	0
（15，20〕	2	0	3	0	0	0	0
（20，25〕	3	0	0	0	2	0	0
（25，30〕	1	1	1	0	0	0	0
（30，+∞〕	7	1	1	1	1	2	0

第五章　中国能源集团500强典型案例分析

第一节　中国海洋石油总公司

2015年，世界经济增速为6年来最低，国际贸易增速更低，大宗商品价格深度下跌，国际金融市场震荡加剧，对我国经济造成直接冲击和影响，能源消费需求总体放缓。我国经济处于增速换挡期，经济增速明显放缓，已进入工业化中后期，经济结构出现了不同以往的转折性变化，引领经济新常态、落实发展新理念，对能源发展提出了新要求，能源发展处于战略转型期，正在经历深刻的生产消费革命。

从石油行业方面来看，自2014年6月以来，国际油价从107.5美元/桶狂跌至2016年初的不足30美元/桶，创12年来新低。近两年，世界经济增速放缓，导致全球石油总体需求下降，占全球石油需求增量约40%的中国石油需求也趋于稳定甚至下降。但另一方面，地缘政治的影响不可忽视，以往当油价出现变动时，中东等产油国会根据油价和市场变动而调整产油量，油价上涨时会增加产量，油价下跌时会降低产量，但现在各国更倾向于保住市场份额。石油输出国组织（OPEC）成员仍以增产保市场，美国推行"能源独立"的战略使其非常规油气资源并未预期减产。沙特坚持不减产，力图通过压低油价来挤压美国页岩油气生产。伊朗在解除国际制裁后，重返国际石油市场，急于恢复产量。经济低迷加之"供求失衡"等因素导致国际油价疯狂下跌，石油行业步入低谷期。

油价暴跌严重冲击石油产业，勘探开发、炼油销售及化工产品等均会受到影响，尤其是对上游勘探开发的影响更为深远。全球石油行业均面临着严峻的形势，令石油行业感到前所未有的压力，国际上许多石油公司也出现巨亏，埃克森美孚2015年第四季度利润降低58%，壳牌全年利润暴跌80%，BP公司遭受了20年来亏损最严重的一年。油价断崖式下跌对以油气勘探开发为主业的中国海洋石油公司同样是一场大考。以下是以中国海洋石油总公司为例，分析中国石油行业的抗风险能力、为稳定发展所采取的措施，以及对未来发展的展望。

一、中国海洋石油总公司概况

中国海洋石油总公司（以下简称中国海油）成立于1982年，是国务院国有资产监督管理委员会直属的特大型国有企业，是中国最大的海上油气生产商。自成立以来，中国海油实现了从上游到中下游、从浅海到深海、从国内到国际的三大跨越，由一家单纯从事油气开采的上游公司，发展成为主业突出、产业链完整的国际能源公司。

2015 年，中国海油在《财富》杂志"世界 500 强企业"的排名上升至第 72 位。公司继续享有标普和穆迪授予的 AA - 级和 Aa3 级国家主权级资信评级，这是国内企业最高评级。自 2004 年国资委开始施行中央企业负责人经营业绩考核以来，中国海油已连续 11 年获得经营业绩考核 A 级。

与众多国企不同，中国海油自诞生之日起，就打上了国际化的烙印，率先开放海洋资源的对外合作，始终把利用好国际国内"两个市场、两种资源"作为做大做强的基本途径，无论是国际化的速度还是国际化的程度，都让其在业界颇具盛名。

截至目前，中国海油已与 30 多个国家和地区开展了对外合作合同，业务遍及亚洲、非洲、大洋洲、北美洲、南美洲和欧洲，公司海外资产占总资产的 37.2%。从资源类型来看，涵盖了传统油气资源和页岩油气、油砂、煤层气等非常规油气资源。海外储量、产量、油气销售收入占据了越来越大的比重，2015 年油气产量创历史新高，其总产量首次突破 1 亿吨油当量，成为公司持续成长的重要动力。公司海外业务已经形成常规和非常规资源、勘探和生产业务并存和有序发展的良好局面。

（一）公司主要业务

中国海油是一家主业突出、产业链完整的国际化能源公司，主要涵盖油气勘探开发、工程技术与服务、炼化与销售、天然气及发电、金融服务等业务板块。

1. 油气勘探开发

按照"寻找大中型油气田"的指导思想，中国海油依靠认识创新、技术创新和管理创新，在中国近海勘探、深水勘探和海外勘探方面都不断取得突破。公司加大常规油气勘探开发力度，持续推进煤层气、致密气等非常规天然气的规模开发。

2. 深水勘探开发

自 1982 年成立至今，中国海油通过自力更生和对外合作，基本建立起常规作业水深内完整的海洋石油工业体系，并于 2010 年实现国内油气年产 5 000 万吨油当量。要实现建成有"中国特色的国际一流能源公司"的目标，仅靠浅水区的油气资源量难以突破，实施深水战略、开发南海油气资源是必然选择。目前中国海油投资建造的以"海洋石油 981"为旗舰的深水舰队已起航，实现了海洋石油作业能力从水深 300 米到 3 000 米的历史跨越。

3. 工程技术与服务

工程技术与服务板块是保障中国海油油气主业持续发展的坚实基础。公司拥有围绕海洋石油勘探开发作业需要的、门类齐全的专业技术服务体系。旗下三个公司有能力提供海上石油勘探、开发、生产全过程的服务，其中，中海油田服务有限公司，现已成为世界上最具规模的综合型海上油田服务公司之一。

4. 炼化与销售

炼油与化工业务既是油气勘探开发的产业延伸，也是石油化工、化肥生产及市场营销的业务主导。销售业务主要是开展成品油及相关产品的销售。

5. 天然气及发电业务

天然气及发电产业已成为中国海油的支柱产业之一。作为中国 LNG 产业的"领头羊"，中国海油多年一直深耕天然气产业，在 LNG（液化天然气）领域具有一定的优势，已经建成 7 座接收站，累计接卸 LNG 突破 8 000 万吨。同时，中国海油建成中山嘉明电厂、海南杨浦电厂、广东惠州电厂、福建莆田电厂、深圳电厂、珠海电厂 6 个天然气电厂，总装机规模达 846 万千瓦，居国内第二，这也是最具发展潜力的效益增长点，2015 年累计进口 LNG 约 1 316 万吨，约占全国进口量的 70%。

6. 金融服务

财务、信托、保险、投资、融资租赁等金融服务依托中国海油集团产业发展，发挥相应职能，加强产融结合和风险管控，创新服务模式，拓展服务网络，优化信息系统，打造金融服务品牌，金融资产质量和盈利能力保持较高水平，为中国海油各单位提供相应服务。

（二）2015 年经营情况分析

按照国际会计准则，中国海油 2015 年末总资产达 11 642 亿元，净利润为人民币 202.5 亿元，每股盈利为人民币 0.45 元，同比下降 66.4%。勘探、开发和生产各项工作，净产量 49 570 万桶油当量，同比增长 14.6%；共获得 16 个新发现；中国海域自营探井成功率达 45% ~67%；储量替代率为 67%；7 个新项目投产。持续降本增效，桶油成本为 39.82 美元，同比下降 5.9%；资本支出 665 亿元，同比下降 37.9%；注重现金流管理，资产负债表保持健康。具体数据如表 5 - 1 所示。

过去几年中国海油勘探投资均占资本支出的 20% 左右，与国际同行相比处于高端水平。但 2015 年，公司勘探资本支出 147 亿元，较 2014 年的 232 亿元下降 36.6%。这一年，公司以大中型油气田勘探为主线，适当减少高风险、高投入井的比例，资本支出虽然下降，但勘探成果较为突出。2015 年，中国海油剔除经济修正的储量替代率为 163%，净产量同比增长 14.6%，完成年初目标的上限。全年生产原油 7 970 万吨，天然气 251 亿立方米。中国和海外产量占比分别为 65% 和 35%，石油液体和天然气占比分别为 83% 和 17%。

表 5 - 1　中国海洋石油有限公司经营情况

指标	2015 年	2014 年	变动（%）
产量（100 万桶油当量）	495.7	432.5	14.6
- 石油液体（100 万桶）	410.3	348.8	17.6
- 天然气（10 亿立方英尺）	497.0	485.5	2.4
实现油价（美元/桶）	51.27	96.04	-46.6
实现气价（美元/千立方英尺）	6.39	6.44	-0.8
油气销售收入（人民币 100 万元）	146 597	218 210	-32.8
净利润（人民币 100 万元）	20 246	60 199	-66.4
每股基本盈利（人民币元）	0.45	1.35	-66.4

资料来源：中国海洋石油有限公司 2015 年年报。

二、保持稳定发展的措施及成效

2015 年，全球行业处于低油价"寒冬"，受其影响，中国海油经营业绩也出现大幅下滑，利润同比下降 66.4%。在巨大的生存压力下，2015 年，中国海油采取各种应对措施，全产业链保持稳定有序发展。

（一）抓牢油气勘探开发主业，实现历史性突破

上游勘探开发是中国海油的主业。2015 年，中国海油油气总量首次突破 1 亿吨油当量。这主要得益于新项目的顺利投产和老项目的深度挖潜，以及海内外勘探的突破进展。

1. 新老项目协调

2015 年，锦州 9 - 3 油田综合调整、垦利 10 - 1 油田等 7 个新项目均已顺利投产，且多个项目顺利投产。在增加新储量的同时，公司还狠抓老油田精细化管理，加大非常规油气田开发力度。比如，面对生产油田产量递减的形势，南海西部油田合理优化，大力采取增产措施，使得生产油田的年综合递减率仅为 4.5%，远低于规划的 19.5% 的水平，实现油气产量连续 6 年保持在 1 000 万吨以上，创造了油气产量连续 8 年超过 1 000 万立方米的纪录。南海东部油田通过精细化分析油田生产动态，因地制宜，有力推动在产油气田滚动扩边，提前完成重点开发项目，实现油气全年产量超过 1 500 万吨油当量，同比大幅增长超 40%，创本海域历史新高，实现连续 20 年稳产超过 1 000 万立方米油当量。

2. 海内外勘探

高效完成渤海三个大中型构造的评价：曹妃甸 6 - 4、旅大 16 - 3/16 - 3 南和渤中 34 - 9，轻质油占比较高；南海东部白云凹陷发现流花 20 - 2 和流花 21 - 2 两个油田，有力地提升了该地区勘探开发整体效益；南海西部中央峡谷水道勘探东西扩展及新层系拓展取得突破，新发现陵水 18 - 1 并成功评价陵水 25 - 1 构造。

（二）加大科技创新力度，带动油气储量和产量增长

海洋石油勘探开发具有"高投入"、"高科技"、"高风险"的"三高"特点，在低油价形势下，科技创新不仅是企业实现可持续发展的核心驱动力，更是企业提升竞争的重要利器。2015 年，中国海油科技创新硕果累累。公司利用自主研发的两种深水水泥泥浆体系，通过优化设计，确保首口超深水探井固井作业顺利完成，标志着公司已具备超深水固井技术能力。这一年，"海洋石油 981"承钻的我国首口超深水井成功完成作业，标志着中国已具备海上深水钻井和测试全套能力。

2015 年，公司通过自主科研攻关，掌握了 3 000 米水深大型起重铺管船总体和基本设计技术，以"贪吃蛇"钻井技术、海底防砂工具为代表的一批核心技术实现国产化，海洋新型绿色能源技术基础性研究探索不断深入，多项重大科研技术项目获得国家奖励。中国海油不断加大科技攻关力度，涌现出一批创新技术，技术创新带动了油气储量和产量的增长。

2015 年，中国海油钻井技术获重大突破，自主研发的旋转导向技术和随钻测井系统

联合完成某海上作业，标志着我国在油田定向钻井、随钻测井技术领域打破了国际垄断，可自主完成海上"丛式井"和复杂油气层的开采需求，有望大幅降低国内油气田开发综合成本。目前两大系统已先后在渤海油田和陆地油田高质量地完成了 10 口商业井的商业化作业。

海上稠油技术开发在这一年也有所突破，公司突破海上平台注采关键技术，形成海上聚合物驱油技术系统并实现规模化应用。该技术已达到国际领先水平，预期可增加海上稠油油田采收率 10 个百分点以上，全面推广应用可增加可采储量上亿立方米。

高温高压水平井技术难题一直是海洋石油勘探开发的重要难题之一。2015 年，中国海油攻克了这一难题，并形成了完整的海上高温高压气田开发技术体系。公司首口高温高压水平井气田成功放喷，比计划提前近 10 天，产能远超预期。

（三）以质量效益为中心，降本增效新成效凸显

油价低位徘徊已成定式，紧盯低油价不如降本增效。中国海油认为，低油价"寒冬"仍在持续，不仅对油公司影响巨大，也波及上中下游各业务板块，给公司带来了全方位、深层次、多领域的困难和挑战。做好降本增效工作，切实加强成本管控，进一步提升协同发展水平，是公司战胜挑战、化危为机、抱团取暖"抗严冬"的重要手段，也是重塑公司低成本优势、提升核心竞争力和可持续发展能力的必然要求，对公司持续健康发展具有重要意义。

2015 年初，中国海油提出继续深化"质量第一、降本增效、勤俭办企"意识，全力打造"质量效益年"活动升级版，"质量效益年"意识在中国海油已深入人心，并转化为实实在在的行动。为此，无论是从勘探还是开发生产到整个公司的供应链的管理，中国海油都制订了严密的实施方案。在勘探上，公司通过优化勘探部署，加强精细化管理，提升作业效率，中国海域勘探投资占比 65%，中国海域单井成本同比下降 29%。在开发生产上，公司通过前期研究、项目管理、专项治理系列过程来实现最优化生产，加强供应链管理。前期研究在以效益为中心的基础上，优化设计，有效降低投资，以 35 ~ 50 美元的油价进行评估，得出新项目仍具经济性的结论，以此指导生产。通过强化项目管理，优化工程和钻完井方案，缩短项目周期，使得新项目建设成本节约超过人民币 100 亿元。对以低成本战略著称的中国海油来说，精打细算的本色显现出来，公司开展了多项作业费用专项治理，并建立起长效机制，产量增长了 14.6%，而作业费用同比却下降了 28 亿元。

通过这些举措，中国海油降本增效成果明显。例如，渤海石油管理局"二次优快"钻完井技术护航高效低成本开发，仅歧口 18 – 1 等 3 个油田就节约 10.8 亿元。东海石油管理局投身技改技革，近 300 项创新项目创效约 2 000 万元。公司"十二五"期间 650 个节能项目开花结果，2015 年增效近 10 亿元。

（四）注重发挥一体化优势

低油价下的生存之道最能考验一家石油公司。在抓好上游主业的同时，中国海油注重发挥一体化优势，中下游产业成为油价风险的平衡器。

1. 炼化和销售业务

炼化和销售业务在低油价下的产业对冲效果初步显现。惠州炼化原油加工量及各主要高价值产品产量均创历史新高，主要技术经济指标保持高水平。销售分公司加大成品油直销开发力度，成品油零售量和非油品销售收入同比实现较大幅度增长。油气利用公司"中海油36-1"沥青品牌效应进一步凸显，润滑油市场开发稳步推进。山东海化经营效益和发展质量进一步提升。大榭石化总体运行平稳，超额完成利润目标。中海壳牌完成大修并顺利复产。气电集团力保海气消纳，广东市场份额继续提升，液态销售大幅增长。进出口公司深耕国际油品市场，加强海内外一体化运作，贸易量、利润总额等关键指标实现逆势增长。中海化学强化精细化运行管理，推进产业转型升级，在行业产能过剩局面下利润好于预期。新能源业务推进优化重组工作。

2. 金融业务

金融业务业绩表现优良。中海石油发挥金融服务价值，帮助集团所属单位加强资金管控，提高资金使用效率，降低融资成本，并抓住外部市场机会，实现投资收益新突破，多家金融类企业利润创新高。

3. 重点领域改革

2015 年，是全面深化改革的关键之年。中央出台了《关于深化国有企业改革的指导意见》等重要文件。公司共召开 4 次深化改革领导小组会议，谋划改革思路，并以重大问题为导向推进重点领域改革。"三项制度"、炼化与销售体制、科技、计划投资体制、资产优化等改革稳步推进。公司聚焦天然气业务协调发展机制。渤海石油管理局确立深化改革七大课题，成立专项改革工作组，持续增强发展动力；南海东部石油管理局重点完成机构优化和人员上岗。这些改革措施在逐渐推进的同时，可以说在低油价下也发挥了重要的提质增效作用。

三、保持未来稳定发展的要素

经过 30 多年的发展，中国海油已经具备较好的产业基础、体制基础、队伍基础和文化基础，建立了比较完整的海洋石油工业体系和油气主业突出、综合一体化的产业体系，已形成"专业化发展、市场化运作、集团化管理"的发展模式，构建了科学规范、运转有效的现代企业制度，在海上气勘探开发的多个技术和管理领域具有比较优势，培育了独具特色的海油文化，特别是拥有一支具有高度责任感、使命感、奉献精神和艰苦奋斗作风的干部员工队伍。但对于未来的发展，中国海油仍然面临着国际与国内的严峻形势。

从国际看，世界经济深度调整，复苏乏力，国际贸易增长低迷，金融和大宗商品市场波动不定，地缘政治风险上升，外部环境的不稳定和不确定因素增加，对我国发展的影响不可低估。持续低油价已成国际石油行业面临的新常态，市场潜力相对缩小，行业正面临着一次大洗牌。

从国内看，2016 年是"十三五"开局之年，新常态下经济发展基本向好，但也面临困难挑战，长期积累的矛盾和风险进一步显现，经济增速换挡、结构调整阵痛、新旧动能转换相互交织，经济下行压力加大，供给侧改革逐步推进，经济增长速度、发展方式、经济结构、发展动力都将发生深刻变化。首先，全面深化改革已成时代发展的主题。2016 年政府工作报告明确提出，要大力推进国有企业改革，2016 年和 2017 年，要以改革促发展，坚决打好国有企业提质增效攻坚战。深化国企改革将进一步发挥市场配置资源的作用，随着国有企业市场化程度的提高，对中国海油战略决策、治理体系、管控能力、参与市场竞争和抗风险能力等提出更高要求。其次，绿色、低碳已是世界能源发展大势所趋，全球能源转型进程正在加快，应对气候变化议题深入推进。替代能源、新能源发展加快、竞争力提升，对化石能源造成较大冲击。同时，我国经济发展的资源环境约束进一步强化，出台了新《环保法》、《大气污染防治法》等一系列环境保护法律法规，出重拳保护环境，使家加快发展清洁能源的政策导向更加明确，对行业不断提升绿色低碳发展水平提出更高要求。最后，从行业来看，国际油气供需格局和市场正发生深刻变化，全球石油需求放缓，预计 2015—2020 年石油消费年均增速仅为 2.8%，2020—2030 年年均增速降为 1.1%，但世界石油产量却还在增加，石油出现严重过剩，导致油价短期内难以回升，预期"十三五"期间国际油价将在30～80 美元/桶，将进一步压缩石油公司盈利空间。

此外，随着国内油气市场的准入和开放，市场主体更加多元化，石油公司竞争压力也将会增大。我国能源生产与消费革命正在加快推进，"四个革命、一个合作"（能源消费、供给、技术、体制革命和全方位加强能源国际合作）都将深入影响能源行业的发展走向。对中国石油公司来说，在企业发展的同时，同样面临着资源品位变差、低效储量增加、炼油能力增加但微利、规模速度与质量效益等矛盾。高油价好比靠天吃饭，会掩盖很多问题，低油价下反倒使企业清楚地看到自身的劣势所在。中国海油已经意识到，桶油成本优势不再，LNG产业先发优势渐弱，产业转型升级面临较大压力，干部队伍老化等日益凸显的问题等。

面对种种困境，如何保障未来的稳定发展至关重要。

（一）创新驱动提升核心竞争力

低成本无疑是石油公司提升竞争力和抵御价格风险的关键，而科技创新则是实现成本领先的核心。国际大石油公司普遍把科技创新视为核心竞争力和公司发展的生命线。

对从事高难度的海上石油勘探开发的中国海油来说也是如此。经过 30 多年的发展，科技创新已成为中国海油发展的重要基因。2015 年，中国海油在资本支出降低的同时，桶油成本却下降了，油气产量实现了历史新高点的突破，其中科技创新发挥了重要作用。

"十三五"期间，创新成为中国海油发展的重中之重，通过持续推进科技创新、管理创新和产业创新，将进一步提升公司产业链价值。

（二）低成本战略优势

低成本战略一直是中国海油高速发展的"法宝"之一。经过多年发展，中国海油已由一家单纯的石油公司逐渐发展成为上下游一体化的国际化能源公司，并通过技术创新、科学管理等方式，形成了低成本的优势。但这项优势正面临弱化的趋势。中国海油认为，质量、效益已经成为关系石油企业生死存亡的头等大事，必须要进一步提质增效，也就是要继续贯彻低成本战略，提升核心竞争力。

2016 年，中国海油将通过继续加强精细化管理，切实提高投资效益，合理制订不同油价下公司的资本支出选择方案。加强一体化管理，提升协同发展水平。加强中国海油和专业服务公司、上下游业务的协同发展水平。

（三）"抱团取暖"成为对外合作的基础

积极开展对外务实合作是中国海油长期以来始终坚持的一项重要发展方针。截至目前，公司海外油气资产类型和布局更加多元化，涉及油气勘探开发、专业技术服务、液化天然气生产储运多个领域，海外业务覆盖全球 30 多个国家和地区，建立了多个海外油气生产基地，2015 年末海外资产占总资产比例达 37.2%。

在低油价形势下，仅仅依靠单打独斗难以在全行业遭受困境中突围，必须"抱团取暖"。中国海油表示，在以往的基础上，未来将在以下三个方面对外开放：一是继续深化在中国海域的油气业务合作；二是继续深化在国际业务领域里的合作，持续探索创新能源合作模式和商业模式；三是继续深化在科技创新和新业务领域里的合作；四是继续关注并积极参与公司的体制机制改革。

四、2016 年发展战略及展望

"十三五"期间，国际政治形势和安全局势总体仍然平稳可控，全球经济联系日益紧密，利益交融不断加深，新的技术革命和产业革命对全球经济的影响力不断上升，推动产业转型升级的外部条件更加完善。我国仍处于工业化、城镇化加快发展阶段，能源需求仍将保持增长。"一带一路"、建设海洋强国、"京津冀一体化"、"长江经济带"、"创新驱动"等国家发展战略的实施，为中国海油进一步拓展发展战略空间、扩大对外合作创造了机遇。

根据国际能源署 2016 年 3 月的预测，原油价格可能已经触底回升。伊朗重返国际市场的势头并不像该国曾预料的那么强劲，且有迹象显示，非石油输出国组织（欧佩克）产油国的供给量正在下降，但上半年的供应协议并不会改变，这意味着 2016 年下半年油价可能会出现小幅反弹，对石油公司是利好的。

2016 年，世界经济复苏仍将缓慢，在低油价形势下，在谋求生存的同时仍然要有所发展，中国海油的目标是要建设有中国特色的国际一流能源公司。2016 年 1 月 19 日，中国海油公布了 2016 年经营策略和发展计划：公司净产量目标为 47 000 万~48 500 万桶油当量，其中中国约占 66%，海外约占 34%。2017 年和 2018 年净产量目标分别约为 48 400 万和50 200 万桶油当量。

2016 年内，将有 4 个新项目计划投产，分别为垦利 10 - 4、番禺 11 - 5、涠洲 6 - 9/6 - 10 油田综合调整和恩平 18 - 1。目前，共有近 20 个项目在建。

2016 年内，计划钻探 115 口勘探井，采集二维地震数据约 1.0 万公里及三维地震数据约1.4 万平方公里。

2016 年，公司的资本支出总额将低于 600 亿元人民币，其中，勘探、开发和生产资本化支出分别约占 19%、64% 和 13%。公司将通过控制成本提高效益，确保在资本支出下降的情况下，完成公司全年各项目标。

不难看出，为应对低油价的冲击，中国海油将继续强化成本措施，缩减投资。中国海油将充分利用市场机制，结合技术创新和管理创新，继续降本增效，同时，将合理平衡短期效益和长期发展，推动公司稳步健康发展。同时，2016 年中国海油将突出质量效益，深化改革，把创新摆在公司发展的核心位置，继续保持油气主业稳健发展，持续提升协调发展境界，着力开展提质增效活动，防范化解经营风险，大力推进产业绿色改造和清洁生产技术升级，积极融入"一带一路"国家发展战略，加快推进对外合作模式创新，坚定不移地推进合作，与合作伙伴共同应对挑战，努力实现共赢发展。

第二节　国家电网公司

一、公司概况

（一）基本情况

国家电网公司（以下简称国网公司）成立于 2002 年 12 月 29 日，注册资金 5 363 亿元，总部位于北京市西城区西长安街 86 号。国网公司是关系我国国民经济命脉和国家能源安全的特大国有重点骨干企业。国网公司按集团公司模式运作，经营区域覆盖 26 个省（自治区、直辖市），覆盖国土面积的 88% 以上，供电人口超过 11 亿人。截至目前，国网公司已连续 11 年获评中央企业业绩考核 A 级企业，连续 5 年获得国务院国资委财务绩效评价 A 级，连续 5 年蝉联世界 500 强企业第 7 名，连续 3 年获得国际三大评级机构国家主权级信用评级，连续 8 年获得中国 500 强最具价值品牌第二名，连续 11 年名列中国服务业企业 500 强榜首。

国网公司积极贯彻落实中央"四个全面"战略布局，努力推动能源生产和消费革命，加快实现能源电力科学发展，以建设"电网坚强、资产优良、服务优质、业绩优秀"现代公司为发展目标，以建设世界一流电网、建设国际一流企业为发展愿景，以服务党和国家工作大局、服务电力客户、服务发电企业、服务经济社会发展为根本宗旨，牢固树立"全球能源观"，加快构建全球能源互联网，大力实施清洁替代和电能替代。

国网公司注重转变公司发展方式，转变电网发展方式，坚持"你用电、我用心"，以市场和客户为导向，不断提高供电服务质量和客户满意度。国网公司重点承担奉献清洁能源，建设和谐社会，保障更安全、更经济、更清洁、可持续的能源供应的重要使命，为全面建成小康社会，实现"两个一百年"奋斗目标和中华民族伟大复兴中国梦提供强大支撑。

截至目前，国网公司资产总额 31 149 亿元，固定资产投资 4 695 亿元，营业收入 20 750 亿元，实现利润 865 亿元（以上数据不涵盖海外资产）。

（二）主营业务

特高压进入大规模建设新时期。目前，国网公司已累计建成"三交四直" 7 项特高压工程，在建"四交五直" 9 项特高压工程，并成功掌握特高压交直流输电技术，1 000 千伏特高压交流输电距离达到 1 500 千米，±1 100 千伏特高压直流输电距离可达到 5 000 千米。在运在建 16 条特高压输电线路长度达 2.88 万千米，变电（换流）容量达 2.94 亿千瓦，累计送电超过 4 347 亿千瓦时。

智能电网打造能源配置新平台。智能电网实现了能源生产方式的多样化，保障了清洁能源的开发利用，推动了能源配置从就地平衡向大范围跨区优化配置转变。国网公司积极推进智能电网创新示范工程，针对加快新能源开发、分布式电源应用、便捷用电、电动汽车基础设施、支撑智慧城市、电网智能化等 6 类 41 项智能电网创新示范工程建设，推出一批国际领先智能电网精品和亮点工程。

稳步推进各级电网协调发展。国网公司以国家能源战略为指导，从适应经济社会发展、能源基地外送、清洁能源快速发展需要出发，统筹考虑配套电源和电网建设。以安全、优质、高效大规模建设特高压电网为重点，统筹推进特高压与各级电网建设，同时按照强化基础、精准投资、精益管理的要求，以提高投入产出为核心，深化技术经济论证，着力解决结构不合理、设备重载过载等突出问题。

积极推进国际化战略。如何保障更安全、更高效、更清洁、可持续的能源供应是人类社会发展共同面临的重大挑战。国网公司坚持以全球视野统筹能源发展战略，牢固树立"全球能源观"，倡议构建全球能源互联网，积极参与国际标准制定，组建海外研究机构，加强与国际组织交流合作，积极发挥技术优势和管理优势，广泛参与全球电力行业竞争，努力加强沟通，保持运营透明，积极提升产业链价值。

（三）公司架构

国网公司总部共设办公厅（董事会办公室）、总师办公室、全球能源互联网办公室、研究室、发展策划部、财务资产部、安全监察质量部、运维检修部、营销部（农电工作部）、科技部、基建部、交流建设部、直流建设部、信息通信部、物资部（招投标管理中心）、产业发展部、对外联络部（品牌建设中心）、国际合作部、审计部、经济法律部、人事董事部、人力资源部、体制改革办公室、离退休工作部、后勤工作部、思想政治工作部（与团委、直属党委合署办公）、监察局（与中纪委驻公司纪检组合署办公）、工会、国家电力调度控制中心、国家电网运营监测（控）中心、国家电网电力交易中心（北京电力交易中心有限公司）、企业管理协会 32 个职能部门，6 个分部包括国网华北分部、国网华东分部、国网华中分部、国网东北分部、国网西北分部、国网西南分部。

为加快推动和落实全球能源互联网战略目标，2015 年国网公司总部增设全球能源互联网办公室，同时还将农电部和营销部合并为营销部。

二、公司 2015 年经营情况

（一）重点业绩

2015 年国网公司营业收入 20 750 亿元，比 2014 年的 20 914 亿元略有下降。2015 年资产总额达到 31 149 亿元，利润总额 865.2 亿元，实现利税 2 143.7 亿元，比 2014 年的资产总额 28 929 亿元、利润总额 812.1 亿元、实现利税 1 971.7 亿元均有明显提升。

1. 电网能力

2015 年国网公司针对电网投资 4 520.75 亿元，输电线路长度达到 88.99 万千米，变电设备容量 36.12 亿千瓦，并网机组容量 11.61 亿千瓦，并网机组上网电量 3.62 万亿千瓦时，研究与开发经费 73.76 亿元，累计专利拥有量 50 165 项，累计获得国家科学技术奖 51 项，特高压跨区跨省输送电量 1 534 亿千瓦时，主导和编制国家和行业标准 185 项。

2. 供电绩效

售电量 34 506 亿千瓦时，公司经营区域最高用电负荷 6.51 亿千瓦时，服务客户数 4.20 亿户，城市供电可靠率 99.957%，城市综合电压合格率 99.989%，农网供电可靠率 99.85%，农网综合电压合格率 99.065%，国家电力市场交易电量 7 221 亿千瓦时，供电服务"十项承诺"兑现率 99.999%。

3. 运营服务

重点加强线损管理，2015 年综合线损率 6.78%，同比降低 0.28 个百分点。累计提高电网输送能力 3.11 亿千瓦时。坚持"你用电、我用心"，着力解决"最后一公里"问题。同时开展农网发展现状和政策研究，并修订农网改造升级技术原则，实现农网投资 1 222.9 亿元，累计新增通电户数 191.7 万户，累计新增农村通电人口 749.6 万人。另外，大力开拓新领域、新业务。国网电子商城上线运营，打造集充换电设施监控、信息服务、资费结算、车辆服务、生活服务等业务于一体的车联网智能平台。

4. 服务清洁能源发展

清洁能源机组并网容量 39 070 万千瓦，其中：水电并网容量 20 782 万千瓦，核电并网容量 1 702 万千瓦，新能源发电机组并网容量 16 586 万千瓦，包括风电并网容量 11 664 万千瓦，光伏发电并网容量 4 446.5 万千瓦。清洁能源机组上网电量 10 116.4 亿千瓦时，其中水电上网电量 6 698 亿千瓦时，核电上网电量 1 019 亿千瓦时，新能源发电机组上网电量 2 399.40 亿千瓦时。

5. 全面推进节能减排

2015 年国网公司加强建设节能服务体系，签订节能服务项目合同 635 个，总投资 25 亿元。强化以节能服务和能效管理为核心的节能服务业务和服务体系建设，建成了覆盖公司经营区的能效服务网络。同时，降低线损节约电量 104 亿千瓦时，发电权交易电量 1 131.54 亿千瓦时，电能替代电量 760 亿千瓦时。另外，消纳清洁能源减排量 81 323 万吨，降低线损减排量 820 万吨。

6. 服务电动汽车发展

2015 年，国网公司积极落实国家能源战略和节能减排政策，大力推动电动汽车快速发展。累计建成电动汽车充换电站 1 537 座，累计建成电动汽车充电桩 2.96 万个。基本建成京港澳、京沪、京台、沈海、青银、沪蓉和宁沪杭环线高速公路快充网络和京津冀鲁、长三角区域重点城市内一批快充站点，覆盖城市 81 座、高速公路 1.1 万千米。累计完成电动汽车充换电量 7.3 亿千瓦时。

（二）核心板块

1. 大规模建设特高压电网

特高压电网是服务范围广、优化配置能力强、安全可靠性高、绿色低碳的综合平台，能够推动能源生产和消费革命，实现清洁替代和电能替代。特高压是目前世界上最先进的输电技术，具有远距离、大容量、低损耗、少占地的综合优势，可以更安全、更高效、更环保地配置能源，是实现能源资源集约开发、促进清洁能源发展、有效解决雾霾问题的重要载体，更是转变能源发展方式、保障能源安全、服务经济社会发展的必由之路，也是我国抢占世界能源发展制高点、带动电工装备业"走出去"的重要举措。

党中央、国务院领导高度重视特高压发展。习近平总书记在中央财经领导小组第 6 次会议上指出，保障国家能源安全，必须推动能源"四个革命、一个合作"，要继续建设以电力外送为主的千万千瓦级大型煤电基地，继续发展远距离大容量输电技术。李克强总理在新一届国家能源委员会首次会议上指出，要深化能源结构调整，加快开工建设包括特高压在内的一批重大项目。目前，特高压交流试验示范工程获得国家科学技术进步奖特等奖与中国工业大奖，特高压交流电压成为国际标准，成功实现"中国创造"和"中国引领"，赢得国际社会高度关注。

发展特高压电网已成为国家能源发展、清洁发展的战略重点。一方面，可以有力推动西南水电和西部、北部清洁能源大规模开发外送，破解大型能源基地"窝电"困局，促进当地资源优势转化为经济优势；另一方面，可以有力地推动东中部地区提高接受外输电比例，增加清洁能源供应，缓解能源供应紧张状况，有力地支撑雾霾治理。

截至 2015 年 12 月，国网公司已累计建成"三交四直"特高压工程，在建"四交五直"特高压工程，在运在建 16 条特高压输电线路长度超过 2.88 万千米，变电（换流）容量超过 2.94 亿千瓦，累计送电超过 4 347 亿千瓦时（见表 5 - 2）。依托大电网发展新能源，国家电网新能源并网装机已突破 1.6 亿千瓦，成为世界风电并网规模最大、太阳能发电增长最快的电网。

为适应清洁能源大规模开发和用电多样化需要，满足经济社会发展对电力的需求，国网公司提出了发展的总体格局：到 2020 年，将西部不同资源类型的电网互联，构建西部电网；将东部主要受电地区电网互联，构建东部电网，形成送、受端结构清晰，交流、直流协调发展的两个同步电网。到 2025 年，建设东部、西部电网同步联网工程，国家电网形成一个同步电网（见表 5 - 3）。特高压将在大范围优化能源资源配置，保障我国能源安全、经济、清洁、高效发展等方面发挥日益重要的作用。

表 5-2 国家电网在运在建特高压工程（截至 2015 年 12 月）

工程状态		工程名称	电压等级（千伏）	线路长度（千米）	变电/换流容量（万千瓦）	投运时间（年）
在运	交流	晋东南—南阳—荆门	1 000	640	1 800	2009/2011
		淮南—浙北—上海	1 000	2×649	2 100	2013
		浙北—福州	1 000	2×603	1 800	2014
	直流	向家坝—上海	±800	1 907	1 280	2010
		锦屏—苏南	±800	2 059	1 440	2012
		哈密南—郑州	±800	2 192	1 600	2014
		溪洛渡—浙西	±800	1 653	1 600	2014
在建	交流	淮南—南京—上海	1 000	2×780	1 200	2016
		锡盟—山东	1 000	2×730	1 500	2016
		蒙西—天津南	1 000	2×608	2 400	2016
		榆横—潍坊	1 000	2×1049	1 500	2017
	直流	宁东—浙江	±800	1 720	1 600	2016
		酒泉—湖南	±800	2 383	1 600	2017
		晋北—江苏	±800	1 119	1 600	2017
		锡盟—泰州	±800	1 620	2 000	2017
		上海庙—山东	±800	1 238	2 000	2017

表 5-3 列入大气污染防治行动计划的"四交四直"特高压工程

	工程名称	电压等级（千伏）	线路长度（千米）	变电/换流容量（万千瓦）	投运时间（年）
交流	淮南—南京—上海	1 000	2×780	1 200	2016
	锡盟—山东	1 000	2×730	1 500	2016
	蒙西—天津南	1 000	2×608	2 400	2016
	榆横—潍坊	1 000	2×1049	1 500	2017
直流	宁东—浙江	±800	1 720	1 600	2016
	晋北—江苏	±800	1 119	1 600	2017
	锡盟—泰州	±800	1 620	2 000	2017
	上海庙—山东	±800	1 238	2 000	2017

2. 服务新能源，促进两个替代

2015 年，我国新能源持续快速增长，风电、太阳能发电新增装机容量双创新高，风电装机容量连续四年世界第一，光伏装机容量首次超过德国跃居世界第一，在能源结构优化和绿色发展转型中发挥重要作用，成为我国新能源发展史上新的里程碑。国家电网公司积极支持和服务新能源发展，认真贯彻国家新能源战略决策部署，落实改革发展要求，围绕电网建设、运行消纳、并网服务、技术创新等方面，加大力度，创新服务，开展了大量工作。

一是电网建设方面。2015 年，国网公司新能源并网及送出工程投资 96 亿元，新增新能源并网及送出线路 3 797 千米，满足了新增 313 个风电项目、1 708 个太阳能发电项目的并网需要。其中省内输电工程：建成投运河北张家口"三站四线"500 千伏输变电工程、吉林通榆风电送出工程等一批省内配套电网工程，新增省内新能源配套送出工程线路 1 071 千米。跨省跨区通道：加快推进锡盟—山东特高压交流工程、宁东—浙江特高压直流工程建设，开工建设蒙西—天津南特高压交流工程，以及酒泉—湖南、锡盟—江苏、上海庙—山东特高压直流工程，为新能源大规模开发和高效利用提供支撑。

二是调度运行方面。第一，完善调度支持系统。2015 年，建立光伏发电功率预测系统和信息监测系统，覆盖 500 余座光伏电站，预报精度 85% 以上；扩大风电场自动发电控制系统（AGC）覆盖范围，充分利用系统消纳空间；拓展升级数值天气预报系统功能，进一步提高新能源功率预测精度。第二，优化系统运行方式。2015 年，西北电网优化水电及梯级水库运行，统筹安排水火电机组配合新能源运行；充分利用辽宁蒲石河、吉林白山、北京十三陵等抽水蓄能电站，累计消纳风电电量 33.5 亿千瓦时；通过省间电网调峰互济，多消纳新能源电量 49 亿千瓦时；挖掘供热机组调峰潜力，在征得当地政府相关部门同意后，保证供热前提下调整最小供热开机方式。第三，拓展新能源消纳空间。2015 年，提高新能源跨省跨区交易规模，新能源跨省跨区外送电量 294 亿千瓦时，同比增加 54%；实施清洁替代，消纳新能源电量 27 亿千瓦时；实施电能替代，替代电量 760 亿千瓦时，促进新能源消纳。

三是分布式光伏并网服务方面。2015 年，持续创新服务模式，简化并网手续，及时转付补贴资金，进一步促进分布式光伏快速发展。国网公司经营区域分布式光伏并网户数快速增长，新增 15 691 户、208 万千瓦，累计并网 22 627 户，同比增长 226%，累计并网容量 473 万千瓦，同比增长 78%。积极支持国家光伏扶贫试点工作。截至 2015 年末，具备并网条件的 3.77 万千瓦光伏扶贫项目全部及时并网，覆盖 300 余个村。加快县域电网建设和改造，2015 年光伏扶贫配套电网工程投资 1.52 亿元。积极支持国家分布式光伏发电应用示范区建设。满足新增分布式光伏 75 万千瓦并网需求。积极做好"农光互补"、"渔光互补"等新型分布式光伏的电网接入和并网运行服务工作。

3. 加快建设抽水蓄能电站

抽水蓄能电站具有启动灵活、调节速度快的优势，是技术成熟、运行可靠且较为经济的调峰电源与储能电源，在系统中主要承担调峰、填谷、调频、调相和紧急事故备用任务。抽水蓄能电站可在负荷低谷时，通过抽水将系统难以消耗的电能转换为势能；在负荷高峰或系统需要时，通过发电将势能转换为系统需要的电能。抽水蓄能电站可以利用其储能作用，实现削峰填谷，有效平抑区外来电与新能源电力的波动，提高系统运行的平稳性，提高大电网安全稳定运行能力，提高电力系统经济运行水平，实现社会整体资源配置最优。

在特高压电网与新能源快速发展的新时期，抽水蓄能电站被赋予了更重要的任务。抽水蓄能电站是电力系统的重要调节工具，可以为特高压电网大范围优化配置资源、促进清洁能源消纳提供有力支撑。同时，特高压电网发展也为抽水蓄能电站功能发挥提供了更优质的平台、更丰富的渠道和更广阔的空间。

目前，国网公司经营区域内在运抽水蓄能电站装机容量达到 1 674.5 万千瓦，在建规模达到 1 880 万千瓦。预计 2017 年左右，我国抽水蓄能装机将达到 3 300 万千瓦，超过美国，成为世界上抽水蓄能电站第一大国。

4. "走出去"取得重大突破

巴西当地时间 2015 年 7 月 17 日上午，国网公司独立参与巴西美丽山水电 ±800 千伏特高压直流送出二期工程特许经营权项目竞标成功。这是继美丽山一期项目之后，国网公司在海外中标的第二个特高压输电项目，也是首个在海外独立开展工程总承包（EPC）的特高压输电项目。项目运作采取投资 + 总承包（EPC） + 运营的模式操作，这标志着中国特高压技术、装备和工程总承包"走出去"再次取得重大突破。

巴西美丽山二期项目是巴西第二大水电站——美丽山水电站（装机容量 1 100 万千瓦）的送出工程，工程投资约 70 亿雷亚尔，投资回报率超过 14%，将新建一回 2 518 千米的 ±800 千伏特高压直流输电线路、两端换流站及相关配套工程，输电能力 400 万千瓦，项目计划于 2020 年投运。正在建设的美丽山送出一期工程同样采用了特高压输电技术，由国网公司和巴西公司组成的联营体中标，一期、二期项目将形成良好的协同效应。2014 年 7 月，习近平主席和巴西总统罗塞夫出席一期项目签约仪式，2015 年 5 月，李克强总理与罗塞夫总统出席一期项目奠基仪式，成为国际能源合作的典范。

多年来，国网公司依托自主创新，掌握了特高压核心关键技术，成为世界上唯一具备投资、建设、运营特高压输电工程能力的公司。此次巴西美丽山二期项目竞标成功将进一步推动中国特高压输电技术在海外的推广和应用，有效推动中国国内具备国际竞争力的工程承包和电工装备企业走出国门，打造国网公司"中国创造"的国际品牌。

截至目前，国网公司投资运营了菲律宾、巴西、葡萄牙、澳大利亚、意大利、中国香港 6 个国家和地区骨干能源网，承揽了埃塞俄比亚等多国骨干能源网建设工程，有力地推动了中国电工装备和技术出口。

5. 全面推进农网改造升级

党中央、国务院始终坚持把解决好"三农"问题作为全党工作的重中之重。农村电网作为重要的农村基础设施，对改善农村生活和促进农业生产具有重要作用，是转变农村发展方式、增加农村经济发展活力的重要因素。2015 年，国网公司在年初已安排的 900 亿元以上农网投资的基础上，新增农网改造升级工程投资 673.8 亿元，全年农网改造升级投资达到近 1 600 亿元，投资规模创历史新高。

目前，国网公司已全面解决了大电网延伸覆盖范围内无电人口的用电问题，提前实现无电地区人口通电目标，建成了新疆与西北联网工程、青藏联网工程、川藏联网工程、玉树与青海联网工程和四川"新甘石"联网工程，结束了新疆、西藏、青海玉树州、四川甘孜州北部地区孤网运行的历史，有力地促进了当地经济发展、社会和谐、民族和睦和边疆稳定。

加快农网改造升级工程是"德政工程"、"民生工程"。国网公司将加快建设现代农村电网，确保安全优质高效完成农网改造升级任务，不断提高农村供电服务水平，为进一步落实好中央稳增长部署，更好地促进新型城镇化、农业现代化和美丽乡村建设，为保障农村经济社会快速发展，为全面建成小康社会作出新的更大贡献。

三、公司战略方向及 2016 年任务

（一）战略方向

2016 年，国网公司将深入贯彻党的十八届五中全会精神，落实创新、协调、绿色、开放、共享可持续发展理念；积极推动能源生产和消费革命，实现能源电力科学发展；坚持以建设"电网坚强、资产优良、服务优质、业绩优秀"现代公司为发展目标；坚持以服务党和国家工作大局、服务电力客户、服务发电企业、服务经济社会发展为根本宗旨。国网公司将牢固树立"全球能源观"，加快构建全球能源互联网，大力实施"两个替代"，促进清洁能源大规模开发、大范围配置、高效率利用，保障能源安全、清洁、高效、可持续供应，为实现"两个一百年"奋斗目标和中华民族伟大复兴中国梦提供强大支撑。

（二）2016 年面临的挑战和任务

当前，世界能源发展面临资源紧张、环境污染、气候变化三大挑战，传统的能源发展方式已难以为继，能源安全、环境污染、气候变化已经成为制约人类社会可持续发展的现实问题。同时，随着经济社会发展，我国电力需求还将保持中高速增长，东中部地区经济发达，经济总量大，用电基数大，比重高，未来新兴战略产业、新业态服务业将加快发展，东部地区仍将是我国的负荷中心。另外，国家规划建设的西南水电基地、9 个大型煤电基地、9 个大型风电基地与东中部负荷中心距离一般在 800 ~ 4 000 千米，能源基地向负荷中心输送电力的规模将越来越大，靠技改和扩建 500 千伏电网，无法适应大规模"西电东送、北电南供"的要求。

2016 年，国网公司重点任务包括：完成售电量 35 830 亿千瓦时；国家电力市场交易电量实现 7 290 亿千瓦时；固定资产投资达到 4 568 亿元，其中电网投资不低于 4 390 亿元；公司资产总额达到 3.3 万亿元；营业收入实现 2.1 万亿元；开工 110（66）千伏及以上线路 7.6 万千米，变电容量 5.5 亿千瓦；投产 110（66）千伏及以上线路 4.7 万千米，变电容量 3.1 亿千瓦；资产负债率不超过 56.5%；开工建设巴基斯坦 ±660 千伏直流工程；年内投产"三交一直"特高压工程；累计建成 352 项智能电网试点示范工程；年内完成 1.3 万个自然村未通动力电问题，年内完成 2.7 万个自然村动力电改造工程；年内解决 236.5 万户农户"低电压"问题；完成替代电量 1 000 亿千瓦时；全年新建充电站 2 450 座、充电桩 2.8 万个；在京津冀鲁、长三角区域实现所有城市互联互通。

2016 年是我国进入全面建成小康社会决胜阶段的开局之年，也是推进结构性改革的攻坚之年。面对错综复杂的国际国内形势，国网公司肩负着极其繁重的艰巨任务。因此，必须凝心聚力，攻坚克难，努力完成年度发展目标。

一是加快推进特高压电网建设。为主动适应经济发展新常态，深化能源生产和消费革命，推进大气污染防治。2016 年，国网公司在"四交四直"及国家已明确的特高压跨区输电项目基础上，为控制东中部地区煤炭消费总量，治理严重雾霾，满足西部、北部能源基地和西南水电基地电力外送需要，提高电网安全稳定水平，亟须抓紧建设"五交八直"特高

压工程，早日建成"三华"特高压同步电网。"五交八直"工程每年可向东中部输送清洁电能 7 600 亿千瓦时，相当于减少东中部电煤消耗 3.4 亿吨，节能减排作用显著。

二是加大服务新能源发展。2016 年，国网公司将推动我国新能源健康可持续发展：其一，加大新能源项目配套电网投资，加快工程建设，尽最大努力保障 2020 年前年均新增风电 2 500 万千瓦、光伏发电 2 000 万千瓦装机的并网和送出。其二，加快新能源配套跨区输电通道建设。2016 年，加快《国家大气污染防治行动计划》的"四交四直"特高压工程，以及酒泉—湖南、准东—皖南特高压直流工程建设，力争再核准建设张北外送特高压交流、扎鲁特—青州特高压直流等一批特高压工程。其三，加快一批抽水蓄能电站建设。2016 年，建成投产浙江仙居、江西洪屏抽水蓄能电站，核准建设陕西镇安、新疆阜康、江苏句容、福建厦门抽水蓄能电站。其四，建设 4 个新能源创新示范工程。建设张北可再生能源柔性直流送出与消纳示范工程、深冷液化空气储能等大容量储能示范工程、满足大规模分布式电源并网需求的智能电网工程、覆盖全网的高精度电力气象数据集成和预报预警平台。其五，开展阳光扶贫行动。投资 367 亿元，3 年解决 3.91 万个自然村未通动力电、8.67 万个自然村动力电改造问题，建设经营区扶贫光伏发电接网工程，完成公司承担的五县（区）31.9 万人定点扶贫任务。

三是落实"一带一路"积极推进国际产能合作。其一，积极推进中巴经济走廊能源合作。2015 年 4 月 20 日，在习近平主席和巴基斯坦总理谢里夫的共同见证下，国网公司与巴基斯坦水电部、国家输电公司共同签署直流输电项目合作协议。根据合作协议，国网公司将以 BOOT 模式（建设—拥有—运行—移交）投资建设巴基斯坦境内输变电项目。巴基斯坦政府充分认可国网公司在电网规划、设计、建设和运维等方面的综合实力和国际领先优势。合作协议的成功签署，是国网公司贯彻落实国家"一带一路"战略的重要举措。其二，积极推进与蒙古国开展能源合作。2015 年 11 月 10 日，在习近平主席和蒙古国总统额勒贝格道尔吉的共同见证下，国网公司与蒙古国能源部签署了《中国国家电网公司和蒙能源部关于开展锡伯敖包项目可行性研究合作的协议》，该协议明确了中蒙锡伯敖包煤电输一体化项目内容、中蒙双方在项目可研工作中的职责分工等，这是双方下一步合作开展项目可研的基础。其三，积极推进与俄罗斯能源合作。2015 年 5 月 8 日，在中国国家主席习近平和俄罗斯总统普京出席的莫斯科克里姆林宫两国合作协议签字仪式上，国网公司与俄罗斯电网公司签署了《关于设立合资公司实施电网合作项目的协议》。中俄双方计划在俄罗斯注册成立合资公司，在俄罗斯境内及第三国开展输配电网改造和新建项目的投资、建设、拥有、运营和 EPC 业务。

四是推动全球能源互联网建设。2015 年 9 月 26 日，习近平总书记在联大发展峰会上发表重要讲话，倡议探讨构建全球能源互联网，推动以清洁和绿色方式满足全球电力需求。这是习近平总书记站在世界高度，继"一带一路"之后提出的又一重大倡议，是对传统能源发展观的历史超越和重大创新，对实现中华民族伟大复兴中国梦和人类社会可持续发展具有深远的意义。

全球能源互联网是以特高压电网为骨干网架、全球互联的坚强智能电网，是清洁能源在全球范围大规模开发、配置、利用的基础平台，实质就是"特高压电网＋智能电网＋清洁能源"。特高压电网是关键，智能电网是基础，清洁能源是重点。全球能源互联网是集能源传输、资源配置、市场交易、信息交互、智能服务于一体的"物联网"，是共建共享、互联互通、开放兼容的"巨系统"，是创造巨大经济、社会、环境综合价值的和平发展平台。

构建全球能源互联网是"一带一路"建设的创新发展，是推进能源革命的重大举措，是推动经济社会发展的强大引擎，是应对全球气候变化的根本途径。全球能源互联网可以实现清洁能源的大规模开发、配置和高效利用，从而加快"两个替代"。实施"两个替代"：在能源开发上实施清洁替代，以太阳能、风能等清洁能源替代化石能源，推动能源结构从化石能源为主向清洁能源为主转变；在能源消费上实施电能替代，以电能替代煤炭、石油、天然气等化石能源，提高电能在终端能源消费中的比重。

构建全球能源互联网，总体可分为三个阶段。第一阶段为国内互联：从现在到 2020 年，加快推进各国清洁能源开发和国内电网互联，大幅提高各国的电网配置能力、智能化水平和清洁能源比重；第二阶段为洲内互联：从 2020 年到 2030 年，推动洲内大型能源基地开发和电网跨国互联，实现清洁能源在洲内大规模、大范围、高效率优化配置；第三阶段为洲际互联：从 2030 年到 2050 年，加快"一极一道"（北极风电、赤道太阳能）能源基地开发，基本建成全球能源互联网，在全球范围内实现清洁能源占主导目标，全面解决世界能源安全、环境污染和温室气体排放等问题。

第三节　兖州煤业股份有限公司

一、公司概况

（一）公司基本介绍

兖州煤业股份有限公司（以下简称兖州煤业）由兖矿集团有限公司（以下简称兖矿集团）于 1997 年独家发起设立，是以煤炭、煤化工、电力、铁路运输、内河航运、机电装备制造、钾矿资源开发、金融贸易为一体的大型综合性能源企业，总部位于中国山东省邹城市凫山南路 298 号。1998 年，公司股票先后在香港证券交易所（股票代码：01171）、纽约证券交易所（股票代码：YZC）和上海证券交易所（股票代码：600188）上市。2012 年 6 月，公司控股子公司兖州煤业澳大利亚有限公司（以下简称兖煤澳洲）在澳大利亚证券交易所上市（股票代码：YAL）。兖煤澳洲作为兖州煤业在澳大利亚的投资平台，目前拥有和管理 9 个生产矿井/区，持有纽卡斯尔基础设施集团港口 27% 的股权、威金斯岛煤炭码头 5.6% 的股权和超洁净煤技术等资产，在澳大利亚所有煤炭企业中排名第六位。控股股东兖矿集团是山东省地方国有独资企业。作为国有企业改革试点，2016 年初，兖矿集团改建成国有资本投资运营公司。

兖州煤业是较早走出国门的煤炭企业，截至 2015 年 12 月 31 日，境外资产 536.53 亿元人民币，占总资产的 38.6%。目前，兖州煤业是中国唯一拥有上海、纽约、香港、澳洲"四地"上市平台的煤炭企业，第一家成功收购并独立运营境外煤炭公司的中国企业，第一家向发达国家有偿输出专有技术的中国煤炭企业，全球第一家获得穆迪、标普和惠誉世界三大主流评级机构"投资级别"评级的煤炭上市公司。

依靠良好的成长性和发展潜力，兖州煤业连续多年入选普氏全球能源企业 250 强榜单，多次荣获"全国质量奖"。在 2015 年的榜单中，兖州煤业居全球能源企业第 201 位、亚洲能源企业第 60 位、中国能源企业第 16 位、中国煤炭企业第 4 位，荣膺亚太质量组织"全球卓越绩效奖"最高级别奖。

截至 2015 年 12 月 31 日，兖州煤业总资产 1 390.62 亿元人民币，净资产 398.08 亿元人民币。

（二）公司主营业务

兖州煤业的核心业务是煤炭开采、洗选加工、销售。其他主营业务包括煤化工、铁路运输、电力和热力、机电装备制造等，收入规模均较小。兖州煤业 2015 年各主营业务收入结构详见图 5 - 1。

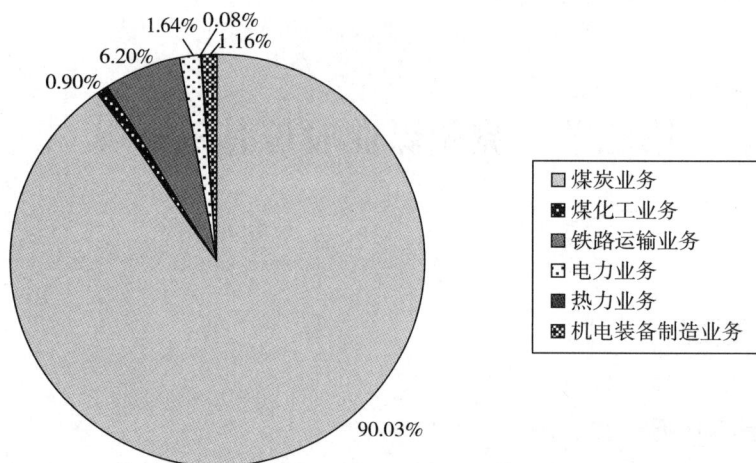

数据来源：中国能源经济研究院根据兖州煤业 2015 年年报整理。

图 5 - 1　2015 年兖州煤业主营业务收入构成情况

公司煤炭储量丰富，是中国重要的煤炭生产基地。截至 2014 年末，公司拥有煤炭资源储量 102.79 亿吨，分布在中国的山东省、内蒙古自治区和山西省以及澳大利亚等地。公司在山东省境内拥有兖州、济宁东部、巨野三大煤田，共 9 座生产矿井，煤炭资源储量 38.59 亿吨；在内蒙古拥有 3 座生产矿井、2 座在建矿井；在山西拥有 1 座生产矿井。公司在澳大利亚拥有 9 座生产矿井，煤炭可采储量 10.47 亿吨，分布在新南威尔士州、昆士兰州和西澳大利亚州。

公司境内煤炭业务主要由公司本部、兖煤菏泽能化有限公司（以下简称菏泽能化）、兖州煤业鄂尔多斯能化有限公司（以下简称鄂尔多斯能化）、兖州煤业山西能化有限公司（以下简称山西能化）运营；境外煤炭业务主要由兖煤澳洲和兖煤国际（控股）有限公司（以下简称兖煤国际）运营。公司煤种较好，公司本部煤矿以动力煤为主；澳洲煤矿产煤以焦煤、喷吹煤和动力煤为主。客户主要分布在中国的华东、华南和华北等地区以及日本、韩国和澳大利亚等国家。

煤化工业务目前主要是甲醇的生产与销售。公司煤化工业务由子公司兖州煤业榆林能化有限公司（以下简称榆林能化）和鄂尔多斯能化经营。榆林能化 60 万吨/年甲醇项目 2009 年投产；2015 年 1 月，鄂尔多斯能化所属的 60 万吨/年甲醇项目正式投产。由于原料供应等问题，山西能化 10 万吨甲醇项目已于 2012 年 4 月停产。

兖州煤业拥有并经营的 7 座电厂，均属火力发电。其中 5 座由山东华聚能源股份有限公司（以下简称华聚能源）经营，总装机容量为 14.4 万千瓦，均是利用采煤过程中产生的煤矸石及煤泥进行火力发电。菏泽能化所属赵楼煤矿综合利用电厂 1 座，设计规划机组容量 2×30 万千瓦，1 号机组于 2014 年投运，2 号机组在建设中。榆林能化所属电厂 1 座，装机容量为 5 万千瓦，主要是为其甲醇项目生产而建立的配套电厂。热力生产除公司自用外，其余供给兖矿集团。此外，公司在济宁拥有 300 千米的煤炭专用铁路运输线。公司 2011 年出资 2.6 亿美元收购加拿大萨斯喀彻温省 19 项钾矿资源探矿权，目前正在进行钾矿项目可行性研究。

机电装备制造业是公司 2015 年新收购的业务，主要经营液压支架、掘进机、采煤机等机电装备的制造、销售、租赁与维修等。

（三）公司主要成员

截至 2015 年 12 月 31 日，兖州煤业本部直属煤矿 8 家，旗下全资子公司 7 家，控股子公司 9 家。8 家直属煤矿分别为南屯煤矿、兴隆庄煤矿、鲍店煤矿、东滩煤矿、济宁二号煤矿、济宁三号煤矿、北宿煤矿和杨村煤矿。

1. 全资子公司基本情况。（1）山西能化*。山西能化*于 2006 年被兖州煤业收购，主要负责兖州煤业在山西省的投资项目的管理，下辖山西和顺天池能源有限责任公司和山西天浩化工股份有限公司两家控股子公司。（2）榆林能化。榆林能化于 2004 年设立，主营甲醇和电力生产。（3）鄂尔多斯能化。鄂尔多斯能化于 2009 年设立，主要负责内蒙古自治区煤炭资源开发和煤化工项目，拥有安源煤矿、文玉煤矿、转龙湾煤矿和营盘壕煤矿 4 家煤矿，下属子公司荣信化工有限公司负责甲醇生产。（4）兖煤国际。兖煤国际在 2011 年于香港设立，下设兖煤国际贸易有限公司、兖煤能源公司等 7 家子公司及孙公司兖煤加拿大资源公司，在澳洲拥有坎贝唐斯煤矿和普力马煤矿。（5）山东中垠贸易物流公司。山东中垠贸易物流公司于 2014 年设立，主营煤炭销售和煤矿机械配件的采购。（6）端信投资控股（北京）有限公司。瑞信投资控股（北京）有限公司于 2014 年在北京设立，主营项目投资、企业管理、投资管理等。（7）兖矿东华重工有限公司。兖矿东华重工有限公司于 2015 年被兖州煤业收购，主营矿山、机电设备和配件的设计、制造、安装、维修和销售等。（8）山东端信供应链管理有限公司。山东端信供应链管理有限公司于 2015 年设立，主营物流、仓储和租赁。（9）山东中垠国际贸易有限公司。山东中垠国际贸易有限公司于 2015 年设立，主营国际贸易。

2. 控股子公司基本情况。（1）兖煤澳洲（兖州煤业控股 78%）。兖煤澳洲于 2004 年设立，2012 年上市。兖煤澳洲旗下有两家全资子公司格罗斯特煤炭有限公司和澳思达煤炭有限公司。前者拥有格罗斯特矿区、中山煤矿和唐纳森矿区；后者拥有澳思达煤矿、雅若碧煤矿、爱诗顿煤矿和莫拉本煤矿等 4 座煤矿。（2）菏泽能化（兖州煤业控股 98.33%）。菏泽能化于 2002 年设立，主要负责巨野煤田的开发。（3）内蒙古古昊盛煤业有限公司（兖州煤业控股 74.82%）。内蒙古古昊盛煤业有限公司于 2010 年被兖州煤业收购，主要负责在建的石拉乌素井田。（4）华聚能源*（兖州煤业控股 95.14%）。华聚能源于 2009 年被兖州煤业收购，主营电力和热力生产。（5）山东兖煤航运有限公司（兖州煤业控股 92%）。山东兖煤航运有限公司于 2003 年被兖州煤业收购，主营内河、内湖运输，煤炭和建筑材料销售。（6）青岛保税区中兖贸易有限公司（兖州煤业控股 52.38%）。青岛保税区中兖贸易有限公司于 1997 年设立，主营矿机贸易及加工。（7）山东兖煤日照港储配煤有限公司（兖州煤业控股 51%）。山东兖煤日照港储配煤有限公司于 2013 年设立，主要从事外购煤的销售。（8）山东煤炭交易中心有限公司（兖州煤业控股 51%）。山东煤炭交易中心有限公司于 2012 年末设立，主营煤炭交易及信息咨询。（9）中垠融资租赁有限公司。中垠融资租赁有限公司于 2014 年在上海自由贸易试验区设立，兖州煤业持股 75%，兖煤国际持股 25%。经营融资租赁、租赁交易咨询和担保及租赁相关业务的商业保理。（10）青岛瑞丰国际贸易有限公司（兖州煤业控股 51%）。青岛瑞丰国际贸易有限公司于 2015 年设立，主营国际贸易。

二、公司 2015 年主营业务经营情况

（一）2015 年经营业绩

受宏观经济增速放缓和煤炭行业产能过剩等因素影响，2015 年兖州煤业营业收入 690.07 亿元人民币，比上年增加 5.64%，净利润 85 951.4 万元人民币，比上年下降 60.28%。2015 年国内煤炭行业出现整体性亏损，企业亏损面超过 90%。煤炭企业遭遇量价双降的市场困境。2015 年，煤炭价格持续下滑，具有市场代表性的秦皇岛发热量 5 500 大卡/千克动力煤，价格由年初的 515～525 元/吨下降到年末的 365～375 元/吨。中国国家统计局发布的《2015 年国民经济和社会发展统计公报》数据显示，2015 年全年的煤炭消费量下降 3.7%。煤炭出口量完成 533 万吨，同比下降 7.1%；出口金额为 31 亿元人民币，下降 27.7%。与同行业其他煤炭企业相比，兖州煤业总体运营业绩位于行业前列。

1. 主营业务概况

2015 年，兖州煤业原煤产量完成 6 847.8 万吨，比上年下降 5.67%。商品煤产量 6 286.9 万吨，比上年下降 6.01%；商品煤销售 8 723.8 万吨，比上年下降 29.1%，主因是外购煤下降 52.5%。甲醇产量 167.1 万吨，比上年增加 159.07%；甲醇销量 160.8 万吨，增幅 145.5%。发电量 263 952 万千瓦时，比上年增加 64.44%；售电量 167 736 万千瓦时，增幅 132.16%（数据来源：兖州煤业 2015 年年报）。甲醇、电力产量均创历史新高。2012—

2015 年公司主要业务数据详见表 5 - 4。

表 5 - 4 兖州煤业 2012—2015 年主要业务数据

业务	年份	2015	2014	2013	2012
煤炭业务	原煤产量（万吨）	6 847.8	7 259.6	7 380	6 866.4
	商品煤产量（万吨）	6 286.9	6 689	6 699.5	6 278.2
	商品煤销量（万吨）	8 723.8	12 307.5	10 399.5	9 382.6
铁路运输业务	货物运量（万吨）	1 599.3	1 656.5	1 825	1 751.9
甲醇业务	甲醇产量（万吨）	167.1	64.5	60.9	57.2
	甲醇销量（万吨）	160.8	65.5	59.9	57.4
电力业务	发电量（万千瓦时）	263 952	160 512	123 442	115 519
	售电量（万千瓦时）	167 736	72 249	87 910	85 640

资料来源：中国能源经济研究院根据兖州煤业年报整理。

甲醇业务良好的表现得益于鄂尔多斯 60 万吨/年甲醇项目年初投产，并且当年达产达效，大大提高了公司甲醇产能。电力业务主要是赵楼电厂 30 万千瓦电站于 2014 年 11 月投入运营。

2. 煤炭业务经营情况

煤炭业务按照经营主体可分为公司本部、山西能化、菏泽能化、鄂尔多斯能化、兖煤澳洲、兖煤国际和外购煤等 7 个部分。其中，原煤产能主要集中在本部煤矿和兖煤澳洲。山西能化和鄂尔多斯能化 2015 年下半年因更换采煤面而未正常生产，导致其原煤产量大幅下降。受价格下滑的影响，2015 年公司大幅降低了外购煤的销售。各分部 2015 年煤炭产销情况见表 5 - 5。

表 5 - 5 2015 年兖州煤业煤炭产销情况

经营主体	原煤生产（万吨）	同比增幅（%）	商品煤生产（万吨）	同比增幅（%）	商品煤销售（万吨）	同比增幅（%）
公司本部	3 769.1	0.87	3 678.3	0.97	3 499.4	0.72
山西能化	71	- 54.4	69.3	- 55.12	74.8	- 50.13
菏泽能化	320.3	6.8	319.8	6.71	242.4	- 22.06
鄂尔多斯能化	258.7	- 56.03	258	- 56.11	232.8	- 59.81
兖煤澳洲	1 813.7	- 9.32	1 324.9	- 11.16	1 327.6	- 15.67
兖煤国际	705	24.08	636.6	24.17	639.8	24.04
外购煤	—	—	—	—	2 707	- 52.53
合计	6 847.8		6 282.9	- 6.01	8 723.8	- 29.1

数据来源：中国能源经济研究院根据兖州煤业年报整理。

2015 年煤炭业务收入 328.749 亿元，比上年减少 43.8%。收入下降，主要原因是受价格和销量的影响：自产煤价格下降使营业收入减少 46.525 亿元；自产煤销量下降使营业收入减少 17.611 亿元；外购煤销售收入减少 192.494 亿元。2015 年兖州煤业煤炭销售价格及变化情况详见表 5-6。

表 5-6　2015 年兖州煤业煤炭销售价格及变化情况

经营主体	煤炭价格（元/吨）	同比增幅（%）
公司本部	336.15	-23.58
山西能化	166.12	-21.15
菏泽能化	403.12	-23.31
鄂尔多斯能化	166.14	1.91
兖煤澳洲	411.47	-11.28
兖煤国际	286.95	-0.18
外购煤	455.29	-17.77
合计	376.84	-20.85

数据来源：中国能源经济研究院根据兖州煤业年报整理。

公司煤炭产品主要销往电力、冶金和化工等行业。2015 年销往电力行业 2 349.7 万吨，比上年增加 2.58%；销往冶金行业 734.1 万吨，比上年下降 0.41%；销往化工行业 799 万吨，比上年下降 7.37%。2015 年兖州煤业煤炭销售行业分布详见图 5-2。

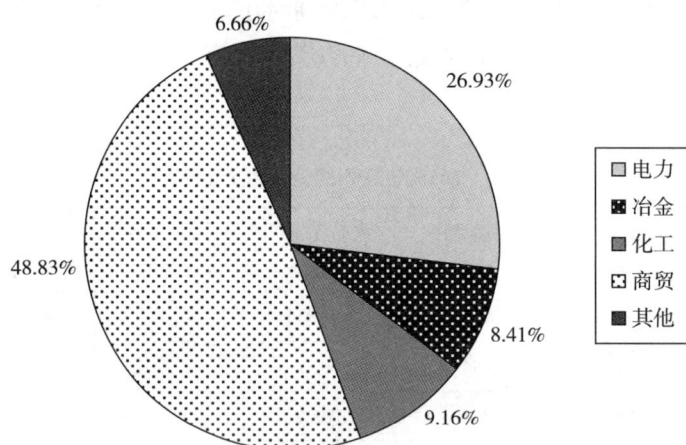

数据来源：中国能源经济研究院根据兖州煤业年报整理。

图 5-2　2015 年兖州煤业煤炭销售行业分布情况

公司地处中国经济最发达的华东地区，毗邻最具活力的亚太经济体，区域内人口稠密，经济发达，煤炭需求旺盛。优越的地理位置和便利的交通运输为公司煤炭业务发展奠定了良好的基础。公司产品销售集中在中国、澳大利亚、韩国和日本等市场。2015 年煤炭业务销售地域分布情况见图 5-3。

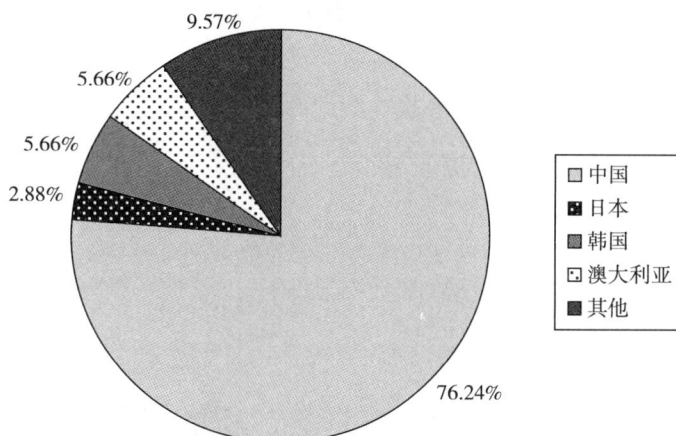

9.57%

5.66%

5.66%

2.88%

- □ 中国
- ■ 日本
- ■ 韩国
- □ 澳大利亚
- ■ 其他

76.24%

数据来源：中国能源经济研究院根据兖州煤业年报整理。

图 5 – 3　2015 年兖州煤业产品销售区域分布情况

3. 主要财务数据

2015 年兖州煤业实现净利润 8 595. 14 万元，比上年下降 60. 28%。净利润下降，主要是商品煤销售价格同比下降和计提资产减值准备分别导致净利润同比减少约 27. 3 亿元和 2. 2 亿元。增盈点主要是通过节支降耗商品煤销售成本同比下降，影响净利润同比增加约 9. 7 亿元，其次是长期股权投资及金融资产出售及美元债券回购同比增加净利润 5. 4 亿元。

2015 年资产负债率 69. 08%，上年这一比率是 67. 19%。近年以来，随着资源并购的推进，公司债务不断提高。自 2013 年以来，兖州煤业资产负债率一直维持在 68% 左右的较高水平。2012—2015 年兖州煤业主要财务数据见表 5 – 7。

表 5 – 7　2012—2015 年兖州煤业主要财务数据

财务数据	2015 年	2014 年	2013 年	2012 年
营业总收入（万元）	6 900 738. 2	6 532 613. 3	6 111 138. 4	5 967 354. 6
净利润（万元）	8 595. 14	228 416. 7	127 121. 1	536 244. 6
经营活动产生的净现金流（万元）	281 792. 4	565 859	295 650. 4	811 663. 7
总资产（万元）	13 906 196. 2	13 368 012. 6	12 889 563. 4	12 075 083. 5
加权平均净资产收益率（%）	2. 21	5. 45	2. 85	12. 56
资产负债率（%）	69. 08	67. 19	68. 05	60. 56

数据来源：中国能源经济研究院根据兖州煤业年报整理。

（二）主要经营活动

面对经营环境的巨变，2015 年兖州煤业经营活动体现出以下三方面特点：一是创新思维降本增效，二是构建内部产业链，培育协同竞争优势，三是加快了布局金融业的步伐。

1. 创新思维降本增效

自 2011 年下半年煤炭价格下降以来，通过精细化管理降低成本成为煤炭企业的共同选择，经过连续 3 年多的挖潜增效，降低生产成本的空间日渐狭窄。2015 年兖州煤业创新思维，通过业务全流程再造，创新运营模式和开展全员创新创效活动，降本增效成绩显著。兖州煤业主要经营机构过去 4 年的煤炭销售成本详见图 5 - 4。2015 年兖州煤业国内各经营单位吨煤销售成本平均为 2012 年吨煤销售成本的 50% 左右。2015 年兖煤国际吨煤销售成本首次大幅下降。

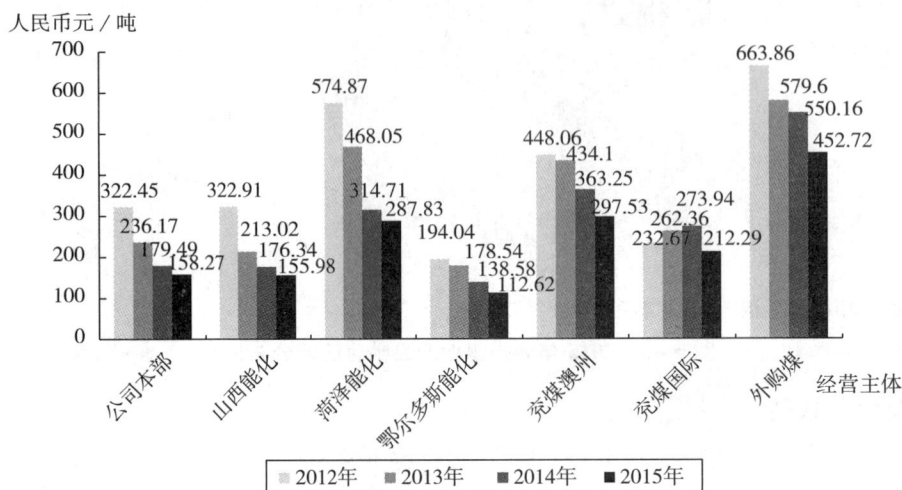

数据来源：中国能源经济研究院根据兖州煤业年报整理。

图 5 - 4　2012—2015 年兖州煤业吨煤销售成本情况

以"三减三提"理念实施全流程价值再造。为了有效解决煤炭生产环节复杂、用人多、效率低等问题，兖矿集团有限公司改变传统的"以增促增"发展模式，推动煤炭生产由传统"增头增面增系统"向"减头减面减系统、提速提质提效"的"三减三提"转变。2015年，兖州煤业将"三减三提"的理念拓展到全业务链，突出"严控两端、精控中间"，实施全流程价值再造。全年生产系统减提优化 70 个项目，增效 2.3 亿元。通过实施大宗物资集采、竞争性谈判、网络采购模式及全面推行电子招投标和职工代表民主评价模式等严控采购成本。在中间环节，严格成本指标倒逼、预算零基控制，实施成本效益流程化、动态化管控；创新建立存量资产管理平台，推动资产在流动中释放效益。

创新商业运营模式。兖州煤业采取颠覆式的举措，构建起了以岗位货币化为核心的"内部市场运行模式"，"岗位竞包"模式逐步实现产业全覆盖，近 600 个工种岗位实现承包经营，降本增效成绩显著。创新营销模式，推进"订单式生产、个性化服务"，拓展产品定制，致力为用户提供体验式营销和综合能源解决方案，以"服务升级"增值"市场效益"。大力实施煤钢互保、同业市场协作开发等，在开放中寻求发展的新思路。

建立创新创效生态体系，激发员工活力。在企业内部开展"大众创新、全员创效"活动，设立创新创效基金，建立创新成果内部交易、成果转化、推广应用机制，搭建"双创基地"、"外部创业"等支撑平台，形成了"全员参与、全层级贯穿、全产业覆盖、全流程融入"的多维度创新创效生态体系，全年推广转化员工技术革新、创新实践项目 470 余项。各产业依托人才和专业服务优势，组建若干创业团队，积极走出企业开拓社会化创收创效渠道。技术创新实现突破，公司本部矿井成功应用大采高、一次采全高工艺，首个薄煤层自动化综采配套装备在文玉煤矿投入运行。

整合内部产业链，培育协同竞争优势。在煤炭领域，兖州煤业加大了对资本支出的控制，重点放在通过整合内部产业资源，最大限度地释放存量资源的价值。首先是收购兖矿东华重工有限公司 100% 的股权，实现煤炭主业及矿山机电装备一体化经营和装备制造、融资租赁一体化经营。东华重工原为兖矿集团全资子公司，主营矿山、机电设备和配件的设计、制造、安装、维修和销售等。产融协同对机电装备制造产业转型升级具有重要意义。其次，整合营销、贸易、物流三大板块，2015 年设立山东中垠国际贸易有限公司、青岛瑞丰国际贸易有限公司和山东端信供应链管理有限公司，实行专业运作、资源互补、运营协同。专业化的销售、贸易、物流产业链为公司开展供应链金融提供了良好的外部条件，而供应链金融业务则为前者提供了新的竞争优势。煤化工产业"燃料煤、原料煤"基本实现内部直供。通过产业整合，建立起紧密高效的内部产业协作链条，一方面提高了各板块的市场竞争力，另一方面充分发挥了协同运营带来的管理成本下降。

2. 加快金融领域布局，推进向产融协同转型

2014 年兖州煤业启动产业经营与资本运营"双轮驱动"战略，力推公司向"产融一体、财富增值"转型。在这一战略指导下，2015 年兖州煤业加快了向金融产业布局的步伐。一是通过资本运营，参股金融机构；二是自设金融运营机构，开展金融业务。年初，兖州煤业认购了齐鲁银行 2.4621 亿股定向增发股票，并以 2.6456 亿元参股投资上海中期期货有限公司（以下简称上海中期）33.33% 的股权。上海中期成立于 1993 年，是兖矿集团有限公司的全资子公司，是上海商品交易所、大连商品交易所和郑州商品交易所的正式会员，中国金融期货交易所的交易结算会员，主营业务包括商品期货经纪、金融期货经纪、期货投资咨询。上海中期在上海、北京等地拥有的 15 家营业部，均有中国证券监督管理委员会颁发的经营许可证。齐鲁银行于 2015 年 6 月 29 日在新三板挂牌上市。在自有机构设置方面，兖州煤业组建北京端信基金公司、深圳前海金融投资公司，成立期货金融部作为公司期货业务专业操作执行机构，上海资本运营中心具备了运行条件。兖州煤业自 2014 年开始动力煤套期保值业务，2015 年下半年将套期保值业务范围扩展到动力煤及其关联产品的套期保值业务，甲醇产品的套期保值业务，其他贸易产品、大宗采购物资及其相关产品的套期保值业务。公司融资租赁、基金投资、供应链金融业务在 2015 年全面展开。

三、公司发展战略及 2016 年展望

（一）公司发展战略

为适应新的市场环境，把握新一轮能源革命契机，2014 年兖州煤业制定了未来十年发展战略，确立了"国际化、清洁化、价值化"的战略方向，"资源协同、区域协同、市场协同、产融协同"的发展方式，致力于打造"创新引领、价值驱动、品牌卓越"的国际化洁净能源综合供应商，推动煤炭开采向绿色低碳开发转变、生产运营向综合服务转变、资源配置向全球化市场化转变，把兖州煤业建设成为具有投资价值和品牌影响力的国际化公司。

新的发展战略更加注重速度、质量和效益相统一，发展模式由规模扩张型向质量效益型转变。战略引领是兖州煤业发展的一个重要特色。2012 年前，兖州煤业的目标是突破省内煤炭资源的局限，通过"走出去"实现多元化布局，以并购为主实施规模扩张。在国内，兖州煤业走出山东省，投资建设陕西和内蒙古煤化工基地，2010 年通过收购获得石拉乌素井田，2011 年收购安源煤矿、转龙湾采矿权，营盘壕井田，完成了在内蒙古的布局；在海外，通过 5 次收购活动一举控股澳洲最大的独立上市煤炭公司。2004 年，兖州煤业以 3 200 万澳元的价格购得南田煤矿，将其更名为澳思达煤矿，这是中国首次整体收购海外煤矿。2009 年，兖州煤业收购菲利克斯资源公司煤炭资产，其包括 4 个运营中的煤矿、2 个开发中的煤矿以及 4 个煤炭勘探项目。2011 年，兖州煤业收购澳大利亚新泰克控股公司与新泰克 II 控股公司及澳大利亚西农普力马煤矿有限公司。2012 年，兖煤澳洲吸收合并澳洲上市公司格罗斯特公司，实现借壳上市。格罗斯特公司的主要资产包括 5 个在产煤矿和 2 个开发中煤矿（资料来源：根据公司新闻整理）。

通过外延式的发展，兖州煤业实现了弯道超车，2012 年总资产首次超过亿元。多元化发展也从投入期进入收获期，2015 年煤化工成为实体产业最大的增盈点，省外产业集群的承载力加速提升。一度拖累兖州煤业业绩的兖煤澳洲正步入良性发展轨道。受世界煤炭价格下滑的影响，2013—2015 年兖煤澳洲连续出现亏损，亏损额分别为 - 8.321 亿澳元、- 3.535亿澳元和 - 2.912 亿澳元。煤炭市场持续疲软严重冲击了实体产业的盈利能力和融资能力，兖州煤业寻求向产融协同转型。在金融领域的谋局始于 2010 年，兖州煤业与兖矿集团有限公司等共同出资设立兖矿集团财务有限公司（以下简称财务公司），兖州煤业持股 25%。2011 年，兖州煤业与建设银行等共同出资设立了山东邹城建信村镇银行有限责任公司，兖州煤业以现金出资 900 万元，持股 9%。

（二）2016 年公司发展展望

1. 主营业务产业环境

国内，中国经济全面进入增速放缓新常态，环保要求不断提高，降低传统能源消费比重是基本政策，经济稳增长面临多重困难和挑战。预计 2016 年 GDP 增速将在 6.5% ~7.0%。去产能、去库存、去杠杆、降成本、去短板是政府供给侧改革的重点，而煤炭行业是去产能的重点。2016 年 2 月 5 日，国务院印发了《关于煤炭行业化解过剩产能实现脱困发展的意见》，为推动煤炭企业实现脱困发展制定了具体目标：从 2016 年开始，用 3 ~5 年的时间，再退出产能 5 亿吨左右，减量重组 5 亿吨左右，适度减少煤矿数量。煤炭行业或迎来兼并重组热潮。中国煤炭市场监测数据显示，2015 年 1—11 月，我国煤炭行业并购 49 起，比 2014 年增长 58%。煤炭去产能是个艰难的过程，中国煤炭协会的数据显示，截至 2015 年末，全国煤矿产能总规模为 57 亿吨，其中正常生产及改造的产能为 39 亿吨，而新建及扩产的产能为 14.96 亿吨。预计去产能政策难以抵御市场下滑趋势。

世界经济复苏缓慢且不平衡，受世界石油价格下跌的影响，主要煤炭消费国——日本 2014 年减少了对煤炭的需求。2016 年初，石油价格再次下跌，且没有企稳回升的迹象。国际煤炭市场供求失衡的状况经过煤炭商的兼并重组及煤矿的关停预计有所好转。

2. 2016 年公司经营目标

2016 年对公司运营来说将是更艰难的一年。首先，降低成本抵御价格下跌的空间已非常小。其次，煤炭行业财务状况恶化，银行信贷等低成本资金获取难度增加，如何获取低成本资金是个挑战。从公司 2016 年的经营计划来看，维持现有业务的稳定运转是公司的基本目标。2016 年兖州煤业计划年销售自产煤 6 287 万吨，销售甲醇 150 万吨。煤炭销售目标比2015 年实际销售数量增加了 911 万吨，公司本部、兖煤澳洲和兖煤国际计划任务均略低于 2015年实际销售量，新增指标主要集中在 2016 年将投产的年产能 1 000 万吨的石拉乌素煤矿和年产能 1 200 万吨的营盘壕矿井。甲醇销售目标也比 2015 年实际销售量减少了 10.2 万吨。

转型升级方面，公司坚持产融双轮驱动战略。一是做强实体产业，发挥四地上市平台优势，积极寻求兼并重组机会，推动实体产业与"互联网＋"、大数据、供应链有机融合，积极探索与电商的合作，培育转型发展新动力。二是发力金融板块，通过构建多层次金融投资体系，提高金融板块的贡献度。2016 年伊始，公司在金融领域的投资已有两起。一是以兖煤国际为主体，出资 15.84 亿港元认购浙商银行的股份有限公司首次发行股份 4 亿股。浙商银行总部位于浙江省，拟在香港上市，已确定此次发行价为 3.96 港元/股。2015 年浙商银行前三个季度实现净利润 56.37 亿元人民币；截至 2015 年 9 月 30 日，浙商银行资产总额10 043.15 亿元人民币，资产净额 476.15 亿元人民币。二是 2016 年 3 月公司董事会通过了收购兖矿集团所持财务公司 65% 股权的议案，收购完成后兖州煤业将持有财务公司 90% 的股权。2015 年，兖矿财务公司实现营业收入 3.14 亿元人民币，利润总额 2.2 亿元，净利润1.7 亿元。

3. 公司竞争优势

优势资源储备丰富。2016 年石拉乌素、营盘壕矿井将投产；石拉乌素选煤厂、输煤长廊，营盘壕选煤厂，转龙湾储煤中心等竣工，规模优势显现。兖煤澳洲重点推进莫拉本煤矿二期项目的建设，莫拉本煤矿是目前澳大利亚盈利能力最强的矿井之一，只有一期工程露天矿生产。2015 年，莫拉本煤矿二期项目获批，使莫拉本煤矿能够在其东部获批的井工矿和露天矿基础上另外开发两个井工开采区域和一个新的露天矿，项目达产后，莫拉本煤矿年产量最高可达 1 600 万吨。

技术研发实力强，核心技术向现实生产力转化空间大。2015 年公司完成科技成果 82项，其中 20 项达到国际先进水平；全年获得中国煤炭工业科学技术奖 18 项，获奖成果数量、层次居同行业前列。

2016 年公司将以陕蒙千万吨工作面、薄煤层自动化开采为重点，研发应用信息化、自动化、智能化的安全高效煤炭生产技术装备。推广应用自移式机尾等"四新"成果，加大"技术降本"、"装备替人"力度。推广应用岩巷综掘机械化作业，探索掘运支一体化快速掘进技术，提升安全高效施工水平。

创新能力强。兖州煤业具有开创精神，这不仅体现在公司经营管理上，也反映在公司对存量资产的运营上。2016 年伊始，兖州煤业通过创新资产证券化方式，优化了兖煤澳洲的资产结构，同时获得了低成本资金。兖煤澳洲将其旗下拥有的艾诗顿、澳思达煤矿及唐纳森

3 个亏损比较严重的煤矿资产打包到一个全资壳公司（SPV）里面，以其为基础发行不超过
9.5 亿美元的 9 年期债券，发债资金主要用于莫拉本二期项目的开发。发行对象为中银国际
金融产品有限公司、联合 NSW 能源有限公司及兴业银行股份有限公司。债券发行结束后，
SPV 控制权转移到联合 NSW 能源有限公司，兖煤澳洲独家为 SPV 公司提供管理、采矿管理、
市场营销和基础服务。从会计角度，这部分资产的盈亏不再并入兖煤澳洲的资产负债表。以
让渡控制权而不是转移所有权的资产证券化运作在澳大利亚是首例，具有创新精神和极强的
战略执行力。兖州煤业突破煤炭行业困境，成功转型之路值得期待。

第四节　西安隆基硅材料股份有限公司

一、公司总体情况

（一）简介

西安隆基硅材料股份有限公司（简称隆基股份）成立于 2000 年。隆基股份始终专注于单
晶硅棒、硅片的研发、生产和销售，经过十多年的发展，目前已成为全球最大的单晶硅产品制
造商。2012 年 3 月 15 日，经中国证券监督管理委员会批准，公司首次向社会公众发行人民币
普通股 7 500 万股，并于当年 4 月 11 日在上海证券交易所上市（股票简称：隆基股份，股票代
码：601012）。截至 2015 年末，公司总资产达 102.1 亿元，2015 年销售收入近 60 亿元。

隆基股份总部位于西安国家民用航天产业基地，拉晶工厂位于宁夏中宁和银川，切片工
厂位于西安和无锡。截至 2015 年末，公司具备单晶硅片产能 500 万千瓦，组件产能 150 万
千瓦。

（二）公司主要业务

自成立之日起，隆基股份始终专注于单晶硅棒、硅片的研发、生产和销售，公司主要产
品包括 6 英寸、6.5 英寸、8 英寸单晶硅棒、单晶硅片及 M1、M2 型单晶硅片，主要应用于
各类太阳能光伏电池。为提高自身在光伏领域的竞争力及应对光伏市场对单晶组件相关产品
需求快速扩大的挑战，自 2014 年开始，隆基股份以单晶硅棒、硅片为基础向下游延伸，布
局组件、光伏电站 EPC 与投资等业务，具体业务布局如下。

1. 硅棒、硅片业务

隆基股份的单晶硅棒和硅片业务主要由其子公司宁夏隆基硅材料有限公司、银川隆基硅
材料有限公司和无锡隆基硅材料有限公司来完成。其中，宁夏隆基硅材料有限公司成立于
2006 年 12 月，位于宁夏回族自治区中宁县新堡镇，占地 190 亩，公司专业致力于太阳能电
池、晶体二极管、三极管等制造领域所需的各类单晶硅棒的研发和制造，是西安隆基重要的
研发和制造基地，目前已经发展成为全球单晶硅领域最大的单体制造工厂；银川隆基硅材料

有限公司成立于 2009 年 11 月，位于银川（国家级）经济技术开发区，公司主要产品为 8 英寸单晶硅；无锡隆基硅材料有限公司成立于 2010 年 9 月，位于江苏省无锡市高新区光伏产业园，占地 140 亩，投资超过 3 亿元，主要从事太阳能光伏发电用单晶硅片的切片加工。

自 2015 年末起，在原有生产基地的产能基础上，隆基股份采用自建及并购等多种方式以扩大公司单晶硅及硅片的产能。2016 年 1 月隆基股份总投资 30 亿元的 300 万千瓦单晶硅棒切片在银川经济技术开发区拟开工建设，2016 年 2 月完成对马来西亚古晋 SunEdison 现有 80 万千瓦硅片产能的收购，古晋 SunEdison 生产基地通过一定的技术改造后产能可达 120 万千瓦，且具备扩产到 150 万千瓦的空间；这两个项目投入运营后，隆基股份的单晶硅及硅片的生产能力将增加近一倍。在单晶硅价值凸显背景下，隆基将继续加快产能扩张步伐，预计到 2017 年硅片产能达到 1 200 万千瓦。

2. 电池、组件业务

目前，隆基股份的组件业务主要由乐叶光伏科技有限公司来完成。乐叶光伏科技有限公司成立于 2007 年，总部位于西安。乐叶光伏专注于高效单晶电池及组件的研发、生产和销售，推动高效单晶技术在全球光伏市场的应用，现拥有 100 万千瓦单晶组件产能。隆基股份在 2014 年末收购浙江乐叶光伏科技有限公司，并在西安设立组件整合平台公司，进一步扩大了企业的单晶组件产能。

2015 年隆基股份将组件业务作为重点发展业务之一。7 月 8 日，隆基股份与海陵区政府签约，根据协议，隆基股份将在泰州投资 27.88 亿元，建设年产 200 万千瓦高效单晶电池项目，此项目是国内首家仅以高效单晶电池、组件生产的光伏项目；江苏泰州 200 万千瓦高效单晶电池生产基地全部采用国际先进的 PERC 太阳能电池技术，电池转化率处于全球领先水平。此项目投入运营后，预计到 2017 年，隆基股份将形成 650 万千瓦高效单晶组件产能。

在中国光伏领跑者引领下，高效单晶产品日益受到电站投资者认可，高效光伏组件产品呈供不应求状态。2016 年初，隆基股份与招商新能源、中民新能、林洋能源等知名客户签署了 2016—2018 年战略合作协议，未来三年组件意向订单超过 960 万千瓦，企业订单储备充足，前景良好。

3. 电站投资和开发业务

自 2014 年起，隆基股份大举进军光伏电站投资及开发业务。企业采取"两手抓，两手都要硬"的原则，同时开展集中式光伏电站业务和分布式光伏电站业务：以西安隆基清洁能源有限公司（以下简称隆基清洁能源）作为企业开展集中式光伏电站的业务平台，以乐叶光伏能源有限公司（以下简称乐叶能源）作为企业开展分布式电站的业务平台。隆基清洁能源成立于 2014 年 5 月，其主营业务就是光伏电站的投资、开发、建设和运营，以"高效单晶电站解决方案 + 农业光伏"为商业模式。目前，隆基股份的分布式业务仍处于战略孵化期，乐叶能源已开始布局分布式与储能一体化领域，并形成快速发展的扩张模式，这将是其快速崛起的重要机遇。

（三）公司市场地位

凭借其在单晶硅产业领域积累多年的经验、规模化生产、持续成本控制和对技术、品质的不懈追求，目前，隆基股份已经成为全球最大的单晶硅产品生产商。隆基股份一直重视技术研发和技术储备，公司拥有 100 余项授权专利，并有多项技术处于国际或国内领先地位，其中，横向 MCZ 技术处于国际领先水平，单晶炉热屏技术处于国内领先水平。正由于其在单晶硅产品领域的龙头地位，隆基股份多次受行业权威机构委托，负责和参与多项国家及行业标准的编写工作。

2013 年 2 月，隆基股份被美国著名媒体 Fast Company 评为"2013 年中国十大最具创新力的企业"；2014 年 9 月，隆基股份入选 ACCA 发布的"中国企业未来 100 强"，居第 17位；2014 年 12 月，公司入选"2014 中国西部上市公司 50 强"。2015 年在全球光伏行业权威调查机构 PHOTON 发布的全球光伏企业竞争力评估中，财务稳健性排名第一位，综合竞争力排名处于第一梯队。

二、2015 年经营分析

（一）2015 年经营情况

2015 年，隆基股份共生产单晶硅片 64 116.47 万片，比 2014 年增长 33.88%；销售单晶硅片 43 593.87 万片，比 2014 年增长 - 3.83%（主要是因为自用增多）；生产单晶硅组件 78.207 万千瓦，比 2014 年增长 1 732.19%；销售单晶硅组件 72.091 万千瓦，比 2014 年增长 3 722.36%（见表 5 - 8）。

表 5 - 8　隆基股份 2014 年和 2015 年主要产品产销量情况

产品	类型	2015 年	2014 年	2015 年增长率（%）
硅片（万片）	产量	64 116.47	48 261.17	33.88
	销量	41 712.52	43 593.87	- 3.83
组件（1 000 千瓦）	产量	782.07	42.68	1 732.19
	销量	720.91	18.86	3 722.36

资料来源：中国能源经济研究院根据年报整理。

2015 年受惠于全球光伏市场需求的持续增长和公司产能规模的不断扩大以及产业链向中游延伸，2015 年公司总体实现营业收入 59.5 亿元，同比增长 61.68%；归属于上市公司股东净利润 5.2 亿元，同比增长 77.25%；全年净利率 8.75%。

表 5 - 9　隆基股份 2014 年和 2015 年主要财务指标

科目	2015 年	2014 年	2015 年增长率（%）
营业收入（亿元）	59.5	36.8	61.68
净利润（亿元）	5.2	2.9	77.25
总资产（亿元）	102.1	64.5	58.29

资料来源：中国能源经济研究院根据年报整理。

（二）影响因素简析

2015 年，隆基股份取得了骄人的业绩，这主要得益于光伏市场快速发展、公司技术能力的提升、公司规模快速扩张及产业链的完善。

1. 光伏行业发展因素

2015 年，全球光伏安装市场迅猛发展，这极大地促进了全球特别是我国光伏制造业的发展。美国绿色能源市场研究机构 GTM 数据显示，2015 年全球光伏装机容量较 2014 年增加 34%，达到约 5 900 万千瓦。

国家能源局 2016 年 2 月公布的数据显示：截至 2015 年末，我国光伏发电累计装机容量 4 318 万千瓦，成为全球光伏发电装机容量最大的国家。其中，光伏电站 3 712 万千瓦，分布式 606 万千瓦，年发电量 392 亿千瓦时。2015 年新增装机容量 1 513 万千瓦，完成了 2015 年新增并网装机 1 500 万千瓦的目标，占全球新增装机的 25% 以上，占我国光伏电池组件年产量的 1/3，为我国光伏制造业提供了强有力的市场支撑。

我国光伏发电呈现东中西部共同发展、地面电站与分布式各有侧重的格局。中东部地区有 6 个省累计装机容量超过 100 万千瓦，分别是江苏 422 万千瓦、河北 239 万千瓦、浙江 164 万千瓦、山东 133 万千瓦、安徽 121 万千瓦和山西 113 万千瓦。新疆（含兵团）、内蒙古和江苏位居新增装机容量前三位，分别为 210 万千瓦、187 万千瓦和 165 万千瓦。大型地面电站更多的以中西部地区为主，而分布式光伏发电以中东部地区为主，装机容量较大的地区有浙江 121 万千瓦、江苏 119 万千瓦和广东 57 万千瓦。

全球特别是我国光伏市场的快速发展以及分布式光伏的快速增长给以单晶硅产品为主的隆基股份带来了大量的市场机会，也因此推动了其业绩的快速增长。

2. 技术创新因素

隆基股份一直坚持技术创新战略，每年投入大量的资金进行技术研发。自 2014 年起，隆基股份在一些关键技术领域取得了突破，成功完成研发并顺利导入生产，全面推广了许多重点技术成果，比如单晶快速生长技术、金刚石线切割工艺、太阳能单晶硅片高效清洗工艺技术、提高太阳能硅单晶转换效率研究、高效晶硅生长关键技术及成套工艺等。这些研发成果的推广应用有利于持续提高隆基股份在拉晶与切片环节的成本控制能力与品质保障能力，有利于进一步降低度电成本，推进产业升级，从而提升其产品综合竞争优势。例如，2014 年，隆基股份全面导入单晶快速生长技术，实现了单晶生产速率 30% ~40% 的提升，不仅大幅缩短了长晶时间，提升了单炉产能，有效地降低了生产成本，而且有效地改善了单晶性能，提升了产品品质。

2015 年，隆基股份继续在技术研发上发力，重点开展了晶体硅材料先进检测技术研究及装备开发、太阳能级单晶硅材料关键品质因素改善研究、硅片高效环保节水型清洗技术研究、硅棒机加产线自动化改善研究及设备开发、新型低 COD 值清洗工艺 16 / 151 研究、单多晶组件发电效率对比分析研究、单晶硅材料发电性能改善研究、单晶硅材料薄片化技术研究、单晶硅材料制造工艺对后端性能影响研究、单晶产线自动化改善研究及设备开发、高效能硅片切割工艺技术与装备验证研究、新一代综合型热场技术研发，等等。这些研究项目主要集中在产品的品质提升、成本降低以及环保改善等方面，有些技术已经开始应用到实际生产并推广。

上述项目研究的开展及相关技术的应用为隆基股份进一步巩固行业优势、拓展新兴市场和面向未来发展提供了扎实的技术支持和保障，提升了企业的产品市场竞争力，进而提升了其经营业绩。

3. 公司规模扩张与产业链完善因素

隆基股份 2014 年末收购浙江乐叶光伏科技有限公司，并在西安设立组件整合平台公司，进一步扩大了公司单晶组件产能。

2015 年 7 月，隆基股份与海陵区政府签订协议。根据协议，隆基股份将在泰投资 27.88 亿元，建设年产 200 万千瓦高效单晶电池项目，并择机在该地区建设 200 万千瓦的高效单晶组件生产基地，进一步扩充其在组件及电池上的产能。

2015 年，隆基股份不仅在国内持续扩张，而且积极响应国家"一带一路"战略，布局海外市场，并成功迈出了历史性的第一步。2015 年 9 月，隆基股份与印度安德拉邦政府签署了项目投资合同，就企业在安德拉邦 Chittoor 地区 Sri City 投资建设 50 万千瓦太阳能电池和组件项目达成合作意向，该项目总投资约 15 亿元人民币。

2015 年，隆基股份还积极与 SunEdison 进行磋商和谈判，并于 2016 年初以 6 300 万美元成功收购 SunEdison 位于马来西亚的硅片生产资产。该生产厂经升级改造后，预计将成为隆基股份辐射东南亚地区及海外的硅片生产基地，进一步提升其优势最大的单晶硅片在全球范围内的市场份额，实现盈利能力的最大化。与此同时，隆基股份还与 SunEdison 签署了 6 年 300 万千瓦的组件销售协议（其中前 3 年不少于 210 万千瓦），除大幅增加其组件业务营收外，更将有助于其快速提升乐叶组件品牌在国际市场的知名度和影响力。

这些合作及并购活动快速增加了隆基股份的单晶硅棒、硅片及电池组件等产能，为隆基股份业绩的快速增长打下了坚实的基础。

当然，在规模扩张的同时，隆基股份也不断地完善自己的产业链。2014 年下半年，隆基股份开始进军组件业务，依托单晶组件高性价比以及卓有成效的营销推广，其单晶组件产品迅速得到广泛认可。乐叶单晶优势的推广取得了良好的开端，极大地提高了市场对单晶的认知度和接受度，为隆基股份单晶硅片和后续乐叶单晶组件销量提升打下基础。

2015 年 5 月，隆基股份设立乐叶能源，开始开展分布式电站投资、开发和 EPC 业务。目前，虽然隆基股份的分布式业务还处于战略孵化期，但是，其已经在 2015 年下半年基本完成了区域市场布局，并形成快速发展的扩张模式，有望在"十三五"分布式重大发展机遇期迎来业绩的快速增长。

总之，2015 年，隆基股份在海内外积极扩张产能的同时，也不断地布局组件、光伏电站的中下游产业链条，实现由原来的上游原材料生产供应商到全产业链企业的转变。这让隆基股份在提升自身市场竞争力的同时，也极大地提升了其经营业绩。

三、公司竞争力及风险分析

（一）光伏行业发展趋势

1. 高转换效率产品成潮流

未来几年内，晶硅产品将继续占据光伏发电的主流地位，PERC、N 形单晶等高效产品市场份额将迅速提升，掌握光伏先进技术的企业将抢占市场先机。在晶硅技术路线中，低成本、高转换效率将是技术发展的重点。目前 PERC 技术正快速在全球各大电池厂商的生产线中被推广使用，该技术的应用将大幅提升单晶组件的市场竞争力。此外，高效 N 形单晶转换效率优势明显，是未来技术路线的发展趋势。

2. 分布式是未来发展方向

在全球一些主要光伏市场如美国、日本及德国等国家，屋顶光伏等分布式光伏占据了较大的份额。近两年，我国也开始鼓励分布式光伏的发展，自 2014 年起，国家陆续发布了《关于推荐分布式光伏发电示范区的通知》、《关于进一步落实分布式光伏发电有关政策的通知》、《关于加快培育分布式光伏发电应用示范区有关要求的通知》等政策，引导国内分布式电站建设快速推进。"十三五"期间，分布式光伏在我国光伏市场中的比重也将越来越大，这使未来光伏市场发展重点的趋势更明显。

3. 光伏制造产业集中度提升，产业链整合加速

未来，随着光伏行业加快淘汰落后产能，行业集中度进一步提升，"强者恒强"的趋势将更加明显。各制造环节的主流企业特别是龙头企业通过技术创新和并购等产业布局积极扩张产能，市场占有率不断提升，产业集中度将进一步提升，中小企业生存空间将进一步缩小。

光伏行业各环节的主流企业特别是龙头企业逐步布局自身的上游及下游环节，延长自身的产业链条，形成全产业链经营，行业产业链整合将加速进行。电池环节硅片自给程度较高，国内主要电池厂商多数拥有硅片产能；全球主要组件企业、晶硅企业中大多数也拥有硅片—电池—组件—光伏终端应用全产业链。

（二）企业核心竞争力分析

1. 技术竞争力

隆基股份一直非常重视技术研发，持续加大研发投入，研发投入远远领先于同行业水平，2015 年上半年公司研发投入超过 2 亿元，占主营业务收入的 12.3%。目前研发团队汇聚中、日、韩优秀技术人才，截至 2015 年末，累计取得 133 项国家专利，多项技术处于国际、国内领先地位，具有十分强大的竞争力。

硅棒、硅片环节。隆基股份拥有自主研发的国内领先的 MCZ 生长技术、单晶改性技术、单晶炉热屏技术，能够降低晶体内在缺陷，保障硅棒品质，提升太阳能电池转换效率。隆基股份凭借多年的技术积累和先进的技术研发优势，在业内率先推出了低衰减单晶硅棒和高效能单晶硅棒，成为国内单晶拉制技术光伏应用的领军者；通过连续拉晶、快速长晶和热场优化方面降低成本，成本低于同行业 15%。

切片环节。目前，金刚线切割技术方面，单晶应用领先于多晶；金刚线切割比传统砂线切割效率和薄片化方面有优势，金刚线专用机非硅成本是砂线的一半。2014 年，隆基股份率先全面导入金刚线切割技术，使得企业单晶硅片的非硅成本快速下降。未来，随着金刚线的大规模生产，企业相关成本将有更大下降空间。目前，隆基股份的硅片环节成本低于竞争对手。

电池、组件环节。2015 年，隆基股份首批通过国家"领跑者"计划一级、二级认证，子公司乐叶光伏荣获 2015 年度中国光伏"领跑者"卓越组件企业奖；与世界顶尖光伏研究学府新南威尔士大学（UNSW）达成战略合作协议，在技术研发与产业化、人员培训、最大限度地提高转换效率等方面展开合作；通过了 TÜV、UL、JET - PVm 等海外权威机构的检测认证，拓宽了海外销售渠道。隆基股份积极导入 PERC 电池技术在单晶产品上的应用，江苏泰州 200 万千瓦太阳能电池工厂电池转化率处于全球领先水平。

2. 产品竞争力

未来，分布式将成为光伏装机市场的主流。单晶硅太阳能电池在转换效率上一直都比多晶硅更具优势，一般要高 0.5 ~ 1.5 个百分点，这使得单晶硅组件在分布式中的应用要比多晶硅组件更广泛和更具优势。隆基股份自成立以来一直坚持走单晶硅产品策略，这无疑为其在未来的市场竞争中投下了重重的一个砝码。目前，隆基股份的单晶硅电池转换效率已经超过 20%，具有很强的竞争力。

（三）企业经营风险分析

对隆基股份来说，未来一段时间企业的经营风险主要有以下两个方面。

1. 政府降低产业扶持和补贴的风险

目前，光伏的度电成本依旧比其他类型的发电设施高，光伏产业的发展仍然主要依赖于各国政府的扶持政策，特别是新兴光伏市场的迅猛发展对政策依赖表现得更为突出。随着光伏装机容量的快速增加，政府降低产业扶持和补贴力度将不可避免，这也对企业未来的发展构成了较大的挑战。

2015 年 12 月 22 日，国家发展改革委下发《关于完善陆上风电光伏发电上网标杆电价政策的通知》（发改价格〔2015〕3044 号），就新建陆上风电和光伏发电上网标杆电价政策进行了调整，下调了 2016 年中国光伏的上网电价，三类资源区的上网电价分别为 0.8 元/千瓦时、0.88 元/千瓦时、0.98 元/千瓦时，均比现行上网电价有所下降，具体如表 5 - 10 所示。

表 5 - 10　2016 年光伏上网电价调整情况　　　　单位：元/千瓦时

资源区	光伏电站标杆上网电价	现行上网电价	各资源区所包含的地区
I 类资源区	0.8	0.9	宁夏，青海海西，甘肃嘉峪关、武威、张掖、酒泉、敦煌、金昌，新疆哈密、塔城、阿勒泰、克拉玛依，内蒙古赤峰、通辽、兴安盟、呼伦贝尔以外地区
II 类资源区	0.88	0.95	北京，天津，黑龙江，吉林，辽宁，四川，云南，内蒙古赤峰、通辽、兴安盟、呼伦贝尔，河北承德、张家口、唐山、秦皇岛，山西大同、朔州、忻州，陕西榆林、延安，青海，甘肃，新疆除 I 类外其他地区
III 类资源区	0.98	1	除 I、II 类资源区以外的其他地区

资料来源：国家发展改革委。

未来，各国特别是我国的光伏上网电价及补贴政策存在进一步下调的可能，政策不确定性较大，这也将成为包括隆基股份在内的所有企业所必须面对的经营风险和挑战。

2. 弃光限电风险

隆基股份已经开始布局光伏电站业务，形成全产业链经营，这固然提高了其竞争力，但是其面临的经营风险也大大增加。当前，我国光伏电站弃光的情况依旧十分严重。根据国家能源局统计：2015 年，我国光伏电站全年平均用时为 1 133 小时，西北部分地区出现了较为严重的弃光现象；甘肃全年平均用时为 1 061 小时，弃光率达 31%；新疆维吾尔自治区全年平均用时为 1 042 小时，弃光率达 26%。显然，弃光问题依旧是光伏产业发展和企业经营所必须面对的严峻现实风险和考验。

总之，隆基股份未来一段时间将面临十分巨大的发展机遇和市场风险，也具备足够的竞争能力以应对风险和挑战，前景十分光明。

四、2016 年战略及展望

未来隆基股份将继续秉承"善用太阳光芒，创造绿能世界"的使命，以"可靠、增值、愉悦"为核心价值观，抢抓外部市场机遇，尽最大可能满足全球市场对高效单晶产品的需求。

隆基股份将采取"产业联动发展，战略联盟联姻；品牌营销引领，渠道合作整合；品质成本支撑，领先技术储备；资金人才保障，先进管理护航；高效灵活投资，轻资产化运营"的发展方针。硅片业务以品质引领和低成本制造为核心，持续扩大产能，提升市场供应能力，强化全球最大的太阳能单晶硅厂商的战略地位；电池组件业务力争达到全球单晶组件企业前列，将"乐叶"打造成为全球一线单晶组件品牌；地面电站和分布式电站业务结合集团制造业优势和资源，立足国内积极发展。

为了保障战略目标的有效达成，隆基股份将通过围绕应用市场全球化布局制造基地、加大技术成果产业化、建立战略性业务伙伴关系以及多元化融资四项核心举措，采取有效的投资、品牌建设和营销策略，持续提升企业财务管理、人力资源管理、信息资源管理、集团化组织管理、供应链管理和质量客户管理"六大基础能力"，支持企业各项业务快速发展。

自 2016 年起，隆基股份围绕上述发展战略积极出击，取得了不错的效果。1 月收购了马来西亚古晋 SunEdison，扩大了硅片产能；2016 年 3 月 10 日，与云南省人民政府签署了战略合作框架协议，就隆基股份与云南省开展全方位合作，带动相关产业共同在云南建设千亿级单晶光伏产业集群达成意向；3 月 16 日，与宁夏宝丰集团就销售单晶组件签订战略合作协议，合同金额 14 亿元，隆基股份拟在宁夏投资建设宝丰集团红墩子矿区生态暨光伏产业综合示范区，初步规划建设 160 万千瓦大型光伏电站基地，并且全部采用单晶，一期 70 万千瓦计划在 2016 年中并网，二期 30 万千瓦与三期 60 万千瓦在规划中；同时，隆基股份子公司乐叶光伏拟与平煤股份共同投资建设年产 200 万千瓦太阳能电池项目。截至目前，隆基股份 2016 年已签组件供货协议超过 300 万千瓦，预计全年单晶硅切片产能达到 800 万～

1 000 万千瓦，组件产能达到 400 万~600 万千瓦，企业发展前景十分光明。

第五节 天合光能有限公司

—— 坚持技术创新与质量为先

2015 年天合光能有限公司（以下简称天合光能或天合）又迎来丰收的一年，全年光伏组件出货量达到 574 万千瓦，与 2014 年相比增长 56.8%，突破了 2015 年半年财报中预测的最高值，净利润达到 7 650 万美元，增长 28.9%。自 1997 年成立以来，天合光能已成为全球最大的光伏组件供应商和领先的系统集成商。天合光能高品质的光伏组件被运用在世界各地并网和离网状态下的太阳能电站，为当地民众带去了洁净、可靠的绿色电力。

2016 年 2 月 18 日，天合光能宣布获得彭博新能源财经（简称 BNEF）授予的"全球最具融资价值组件品牌"称号。可融资性是指银行为使用既定品牌产品的项目提供无追索权贷款的意愿程度的高低，公司各方面的良好信誉、稳固的资产负债表，以及对其产品高质量、可信赖的证明，都是一个品牌具备可融资性能力的关键所在。天合光能获得这一称号，正是对其雄厚公司实力、领先的创新研发水平与优秀的产品质量的最好证明。

天合光能始终坚持技术创新与质量为先两大基本理念，这是其连续两年实现光伏组件出货量排名世界第一的关键因素，助力其以高效可靠的产品品质领跑光伏产业。在 2015 全球新能源企业 500 强排名中，天合光能位列中国新能源企业前十名。

一、立足研发天合光能产品，领先行业水平

（一）首家企业国家重点实验室

天合光能于 1999 年 10 月成功通过 ISO 9001 认证，并于同年成立了天合光能研发中心，在公司成立之初即展现了天合光能注重研发、致力于引领行业发展的长远目标。

天合光能始终将科技创新作为推动太阳能电力早日步入"平价时代"的基础。公司成立至今，持续加大研发投资力度，并成立了常州太阳能光伏协会。为培养技术创新，推进光伏技术发展，天合光能于 2010 年 1 月获得国家科技部批准，率先建设企业国家重点实验室，并命名为"光伏科学与技术国家重点实验室"。这是中国首次批准将国家实验室建在商业企业中，发出了国家鼓励光伏业创新的正面信号。天合光能董事长兼首席执行官高纪凡表示："本实验室将推进技术创新，支持行业蓬勃发展，加速天合光能的研发、技术转化及新产品开发进程，从而加快公司高质量产品的产出。"

凭借"光伏科学与技术国家重点实验室"这个世界领先的科技创新平台，天合光能汇集海内外顶级科研人员为技术创新队伍的骨干，与世界一流的研发机构进行合作，成为全球太阳能行业的创新领导者，发明专利授权数居中国光伏行业前列。

（二）技术创新推动产品高效

天合光能坚持走在光伏技术研究的前列，在可量产的 PERC 晶硅电池项目上取得了里碑式的成果。同时，领先的多晶、双玻产品有效推动光伏平价电力时代的到来。

对于可量产的 PERC 晶硅电池，天合光能作出首创性技术研发，在电池转换率与输出功率方面取得很大突破。在 Honey Plus 这一产品上，天合光能基于 20 世纪世界纪录保持者赵建华博士的实验纪录，对电池背面增加的新介质膜钝化，有效开发了先进的背表面钝化工艺，以此实现高效电池的产业化。天合光能通过一系列可靠性实验，辅助 Honey Plus 成为高品质光伏发电产品。2014 年 12 月 31 日，天合光能光伏科学与技术国家重点实验室宣布，采用自主研发的中试量产 Honey Plus 高效多晶硅光伏组件（基于 60 片 156 mm×156 mm 多晶硅电池），经第三方 TuVRheiland（莱茵）权威认证机构测试，其峰值输出功率高达 324.5 Wp，刷新了 P 型多晶硅组件功率世界纪录。

Honey Plus 晶体硅高效电池和组件研发成果标志着天合光能在 2014 年至 2015 年实现了重大技术突破，囊括了 156 mm×156 mm 大面积工业化单晶电池效率（22.13%）、多晶电池效率（21.25%）以及单晶组件（335.2Wp）、多晶组件（324.5Wp）的世界纪录，成为全球光伏领域的世界水平。

2015 年 4 月 25 日，采用天合光能自主研发的中试量产 Honey Plus 高效多晶硅太阳能电池片制备的光伏组件（基于 60 片 156 mm×156 mm 多晶硅电池），经第三方权威测试机构德国 Fraunhofer ISE 实验室测试，以 19.20% 的光电转换效率创造了 P 型多晶硅组件效率新的世界纪录。

天合光能从 2011 年开始，研发低成本高效全背电极太阳能电池（IBC 电池）。2014 年 2 月，天合光能与澳大利亚国立大学合作创造了 IBC 电池光电转换效率高达 24.4% 的世界纪录。在可量产产品方面，天合光能 156 mm×156 mm 大面积 IBC 晶体硅电池的实验室效率最高达到 23.5%，中试平均效率达 22% 以上，并建成了全球首条 156 mm×156 mm 大面积 IBC 晶体硅电池中试生产线。2015 年 8 月，天合光能的国家重点实验室与日本大阪产业大学（OSU）合作设计开发的太阳能赛车，在日本铃鹿国际赛车场举办的"2015 年国际汽联可替代能源太阳能赛车大赛"中一举夺冠。在时长 5 小时的比赛中，IBC 太阳能赛车技压群雄，一路领先，向世界展示了当与智能工程设计有机结合时，太阳能电力的转换可以创造的高度。这是天合光能第一次参加太阳能赛事活动，从此也将拓宽天合光能的光伏产品市场，奏响高效太阳能电池在商用汽车领域实现商业化应用的新乐章。

2011 年以来，天合光能的光伏科学与技术国家重点实验室，已先后 12 次创造或刷新了晶体硅太阳能电池转换效率与组件输出功率的世界纪录。

天合光能副总裁、首席科学家 Pierre Verlinden 说："天合光能以卓越的创新能力和高效的创新管理取得了世界瞩目的科技成果，凸显了重点实验室在引领光伏科学发展前沿和聚焦国家重大需求的创新引领作用。创新是天合光能可持续发展以及保持长期成功的核心，我们致力于研发创新的尖端光伏产品和技术以巩固天合光能在全球光伏产业中的领袖地位。"

（三）1 500 伏认证组件迎接"平价电力"

随着 1 500 伏光伏系统的开发及应用，进一步使降低光伏系统度电成本、提高系统端发电效率成为可能，光伏发电已走上了"平价电力"的道路。继 2013 年天合光能双玻组件率先在业内通过 IEC 1 500 伏认证，解决了光伏 1 500 伏系统解决方案的最核心配件后，天合率先推出 1 500 伏组件及配套系统产品，迎接这个时代的来临。

2015 年 7 月，天合光能的两款多晶硅组件通过了权威测试机构美国 UL 1 500 伏系统电压认证，为此类产品的率先推出打下了基础。天合光能 1 500 伏系统电压的耐高电压组件，在制造工艺和原材料选择方面进行了改进。通过对组件布局和接线盒结构的重新设计，满足了更高的爬电距离要求，确保了组件使用过程中的安全性。

天合光能 1 500 伏系统电压的耐高电压组件同时适用于大型地面光伏电站和分布式光伏屋顶电站，可以有效降低光伏电站的系统成本，进而推动"光伏平价电力"时代早日到来。通过提高直流侧输入电压至 1 500 伏，同样装机容量的系统，串联组件数增加约 50%，从而减少了逆变器、汇流箱、直流线缆的使用量，并可配置技术成熟的 1 500 伏电压逆变器。由于直流系统电压从 1 000 伏提升至 1 500 伏，系统线损减少，从而增加系统发电量，进一步降低系统的度电成本。

二、质量为先助力天合光能成为全球最大组件供应商

（一）专注细节，质量成就客户

在光伏行业这一少数"中国制造"的优势行业中，天合光能将质量控制的理念渗透到设计、采购、生产、检测、销售的各个环节。天合光能还从客户角度出发，倾听客户声音，提供客户需求审核机制，以确保产品优质的同时满足客户的需求。与此同时，天合光能还对客户的特殊需求进行专业的合理化评估，与客户确认要求的必要性。

天合光能对质量的专注在于注重细节。在与来自美国客户的某次合作中，尽管所需产品在实验室测试的温度系数优于预期，但天合想得更深，首席科学家 Pierre Verlinden 提出，理论上晶硅组件温度系数很难达到目前的测出值，况且很多客观因素会影响测试数据。秉持对客户及产品负责的科学严谨的态度，天合光能重新进行测试，并邀请客户和测试机构的人员亲自前往常州与天合技术团队共同探讨，最终保留了合理的数据。从这一细节就可以看出，天合的洞见，在质量背后更渗透着对产业的科学态度和把握，正因为如此才能确保对客户的承诺，并在为承诺负责的同时，增加客户对天合的信任度。

2014 年以来，天合光能连续两年蝉联全球组件出货量第一，更证明了用户对天合质量的信赖。作为行业领军者，天合光能坚持将高效可靠的组件销往世界各地。2015 年，天合光能全年全球组件出货量达 574 万千瓦，光伏电站并网量为 68.59 万千瓦。

（二）特有检测流程，严格把控产品质量

在追求高质量的道路上，严格的质量检测和监控流程是天合光能的制胜法宝。天合光能产品内部检测标准要远严格于第三方检测，以此鞭策天合在质量把控的道路上一路领先。所

有天合光能的产品均按这一内部标准进行评估、筛选和最后的认可，只有通过后才能送往认证机构进行认证。天合光能通过新产品导入（NPI）流程和工程变更管理平台（ECCB）对其产品进行全生命周期的质量管控。

如图 5-5 所示，NPI 是天合光能在 2012 年开发出的新产品导入流程，这一流程帮助天合光能在新产品开发过程中，通过质量策划尽早发现质量问题并作出防范，防止上市的新产品存在重大质量隐患。这套做法被成功地运用在天合光能双玻产品的开发中，并取得显著效果。

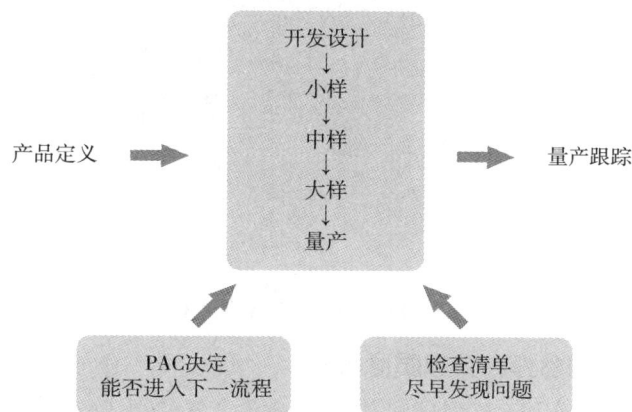

图 5-5　NPI 流程图

按照 ECCB 管理流程进行管理是天合光能对量产之后产品予以品质保证的重要手段（见图 5-6）。由于降本或提效等要求，产品设计变更、材料变更、生产工艺变更和供应商变更等是不可避免的，变更过程中带入的不确定因素最容易产生产品质量或可靠性风险。为此，天合光能专门建立了 ECCB 管理平台，所有涉及产品的变更都要提交到 ECCB 管理平台进行审核和批准，并形成报告和记录。

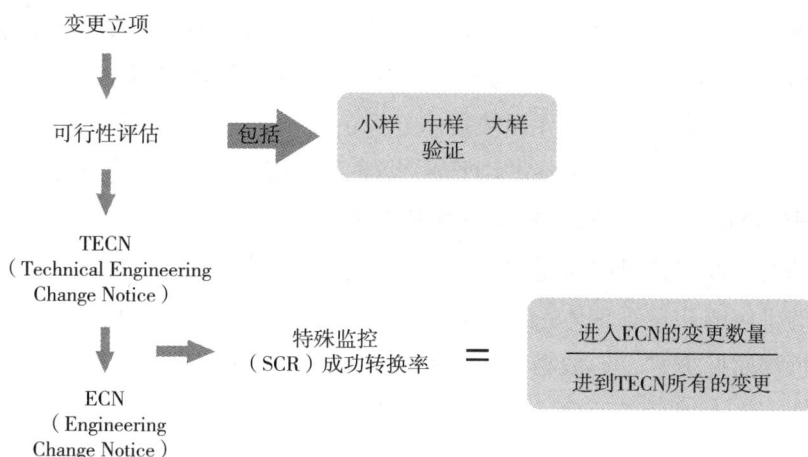

图 5-6　ECCB 流程图

此外，天合光能在 ISO 9001 的基础上，根据光伏行业和天合自身发展需要，独创

ISO 9001 + 质量管理体系（见图 5 - 7）。天合光能质量部副总裁周伟提到："ISO 9001 + 的根本是 ISO 9001，在此基础上添加了适用于天合乃至整个光伏行业特点的质量管控手段和做法。"

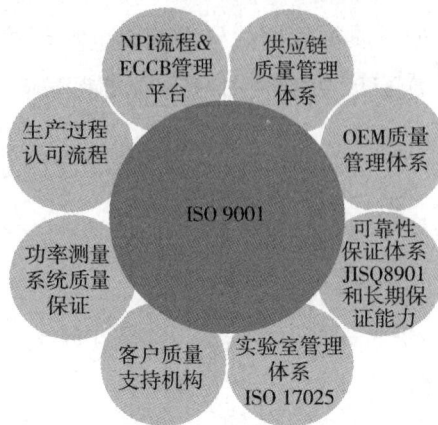

图 5 - 7　ISO 9001 + 质量管理体系

（三）第三方认证机构合作，权威质量保障

天合光能与行业内权威认证及测试机构展开合作。天合光能光伏测试实验室于 2011 年获得 TUV 莱茵目击实验室资质，2012 年获得 UL 免目击实验室资质，这也代表着 TUV 和 UL 这两家世界最权威的第三方认证机构和测试实验室对天合实验室测试与管理能力及公司管理理念的高度认可。天合光能是目前全球首家获 TUV 莱茵授权的目击实验室。同时，天合也是光伏行业里全球首家获 UL 授权的免目击实验室。通过与这两家全球最被认可的认证实验室合作，天合光能在光伏材料和产品的检测能力方面达到了国际领先的水平。

为了保证交付产品的功率测试的可靠性，天合在其测试实验室搭建了精密功率测量中心，并通过定期与德国 ISE 实验室和 TUV 莱茵实验室等全球最权威的测试实验室进行功率对标和技术交流，保证公司测量系统的稳定性，和对功率测试不确定度的有效管理。

此外，公司还与 NREL、UL 和 ISE 开展合作项目，对组件和材料的可靠性进行研究，对失效模式进行分析。天合光能与世界顶级技术专家的交流与合作，共同探讨解决光伏组件长期可靠性保证能力存在的问题和面临的困难，为行业的健康发展作出了贡献。

（四）严把材料质量关，打造高质量的供应链水平

为了保证外购、外协物料的质量水平，天合光能成立了专门的供应链质量管理团队，形成了一套完整的供应链质量管理体系。通过建立供应商选择、开发、评估与批准流程，采取物料供货质量检测监控方式，形成物料质量问题的处理机制和实施供应商绩效管理等一系列行业领先的做法，大大提了天合供应链的整体质量水平。其规范的管理和严格的执行不仅获得了各合作供应商的好评和认可，也对行业供应链质量管理水平的提高起到了积极的促进作用。

（五）严格管理生产流程，生产之初确保优秀品质

在生产过程中，天合光能会首先识别关键过程，对关键过程中的关键输入/输出参数和

关键工艺参数进行监控，并对过程能力进行评估和改善。通过统计过程管理，天合光能能够及早发现生产中存在的问题，识别偶发性事件及趋势性变化，以便及时采取措施，从而保证产出产品质量的一致性。所有新工厂，都必须采用这种方法对其新增产能的过程控制能力进行评估和认可，从而加快新工厂爬产的速度，消除爬产过程中的质量隐患。

其次，天合光能对产线操作工人制定了详细的操作规范，并进行严格的管理。所有操作工上岗前必须经过严格的培训，合格后持证上岗。车间每天都会对各工位的工人操作进行巡检，包括开线前检查、轮班间检查等，还会对关键岗位的员工或产线进行复审，保证员工严格按照操作规范执行，避免操作不当产生的质量和可靠性风险。

天合光能对关键工序都设有专门的检测，达到对可靠性问题的防范。例如，天合光能会对焊接进行拉脱力的测试，封装之前还会对组件进行视觉和 EL 检查，保证焊接质量。天合光能对生产过程进行了过程失效模式和效果分析，并据此制订了详细的质量控制计划，生产车间严格按照控制计划对产线做检查和测试，以便提前发现生产中潜在的质量风险。

最后，天合光能还会对产品进行最终检查，包括外观、功率、EL、绝缘测试等各项指标。根据产线具体情况和客户反馈，天合光能还会制定内部质量警报和相应的内部管控方案，质量人员均会根据这一方案对产线进行质量问题的纠正预防措施的实施和质量改进方案的落实。

正是因为天合光能始终秉持着质量为先的理念，以严格的生产把控和质量检测保证其一贯高品质的产出，才能在竞争激烈的光伏市场始终牢牢占据领先位置，保持平稳持续发展。

技术创新与质量为先，犹如两辆并驾齐驱的马车，引领天合光能走在行业领先的道路上，成就其"用太阳能造福全人类"的使命。

第六节　华锐风电科技（集团）股份有限公司
——敢于第一个"吃螃蟹"的风电巨人

一、集团概括

华锐风电科技（集团）股份有限公司（以下简称华锐风电或华锐）是中国风电行业的领军企业，是中国第一家自主研发、制造、销售和运维服务全球不同风资源和环境条件的大型陆地、海上、潮间带风电机组的专业化高新技术企业。深耕风电行业十余年，华锐风电坚持不懈地走设计、生产、销售和运维服务的综合产业模式，凭借着新能源领域积累的专业知识、丰富经验与不断创新，华锐风电为全球的风电系统提供了性能可靠、品质卓越的风力发电装备，取得辉煌和令人敬佩的业绩。

截至 2014 年末，华锐风电中国海上装机容量累计达 17 万千瓦，排名中国第一。华锐风电在海上风电领域的不断创新和投入，奠定了华锐风电在海上风电领域的优势地位。

二、昔日海上风电，突破风电新技术

华锐风电自主研发了中国第一台 3 000 千瓦系列化陆地、海上及潮间带风电机组；自主研发了中国第一台、国际领先的 5 000 千瓦、6 000 千瓦海上及潮间带风电机组；为全球除欧洲以外的第一个海上风电示范工程——上海东海大桥 10 万千瓦风电场提供了全部 34 台单机功率 3 000 千瓦风电机组和一台 5 000 千瓦风电机组；为江苏龙源提供 19 台 3 000 千瓦潮间带风电机组，形成江苏龙源潮间带示范风电场；2014 年顺利完成了 1 万千瓦海上风电机组设计技术课题验收。

在上海东海大桥海上风电场 3 000 千瓦和 5 000 千瓦风电机组工程应用、江苏龙源潮间带示范风电场 19 台 3 000 千瓦潮间带风电机组工程应用的实施过程中，华锐风电在技术上自主创新，解决了海上风电安装与运输过程中的多项难题，采用海上风电机组整体运输、整体安装工艺，有效解决了适应我国东部沿海淤泥沉积型海床条件的风电机组施工、安装难题，并大大缩短了海上施工周期。随着上海东海大桥海上风电示范项目一期工程的建成，华锐风电迈出了海上风电规模化发展的第一步。通过国内开展的海上风电（潮间带和近海）示范工程建设、科研投入及后评估工作，华锐风电已了解和掌握了海上风电（潮间带和近海）工程的关键技术，建设潮间带和近海风电场已不存在制约性技术因素。华锐风电已跻身于世界领先的海上风电技术装备研制、生产和工程服务企业。

由华锐风电负责建设的"国家能源海上风电技术装备研发中心"是由国家能源局批准建立的中国唯一以海上风电技术装备为研究对象的国家级研发中心，拥有目前测试能力最大、测试功能最全、技术最为领先的 1.5 万千瓦级整机、齿轮箱、发电机、叶片、关键轴承等七个大型测试平台。

三、承担深远海域项目，引领风电新趋势

2015 年，华锐风电作为项目建设成员单位之一，承担了上海市深远海域海上风电建设示范项目，负责上海深远海域海上风电场大型风电机组研发、制造，提供示范样机、风机装备试验与运行维护等。

众所周知，我国海上风能资源丰富，具备大规模发展海上风电的风资源条件，在节能减排、应对气候变化、能源短缺、能源供应安全形势日趋严峻的大形势下，风能尤其是海上风电作为典型的清洁能源越来越受到重视。与陆地风电场开发相比，海上风电具有不占用土地、风力资源更稳定、风速更高的优点，效能明显优于陆上风电场，此外，海上风电对人类生产、生活的环境影响较小，因此，海上风电易于大型化、规模化发展，必将成为未来全球风电开发的重要方向。

但由于潮间带、近海风电场场址距离岸线较近，开发时经常与其他海域使用功能产生矛

盾，相互影响、制约性因素较多，协调工作量大，相对来说，在距离岸线较远的海域开发风电场，能够避免这些问题，但目前国内对于在深远海域开发海上风电的研究还处于空白。

想要在深远海域开展风电技术的研究和应用，可以说是困难重重，需要面对太多棘手难题和承担太多研发风险。深远海域的海上风电场建设是一个庞大而复杂的系统工程，其复杂程度、技术难度、工程投资等均与近海风电场不同，所涉及的技术领域更加广泛，目前国内尚没有实施经验。由于深远海域海上风电场离岸距离远，海洋水文建设条件复杂，对施工装备和施工技术要求都相当高。深远海域项目建设条件复杂，其较深的海底地形、较远的离岸距离与电网输出、较高的建设成本与建设难度都是需要评估的风险。

华锐在海上风电工程方面积累了较丰富的经验，掌握了海上风电机组运输、安装、施工等关键技术。站在新起点，承前启后，继往开来！华锐风电凭借多年来在海上风电研究方面得天独厚的优势，责无旁贷地率先向深远海域风电技术发起挑战。华锐在对深远海域风电机组的研制过程中开展了一系列关键技术研究工作，通过关键技术课题研究结合样机试验、示范，使深水、远海海上风电场工程设计达到或接近国际先进水平，促进了国内超大单机容量风电设备装备开发，为上海市开发利用丰富的海上风能资源、及早建成国内第一座深远海域大型海上风电场提供了科学依据。该示范项目的顺利实施可为后续大规模开发深远海域海上风场提供可靠的数据和经验，对海上风电行业的发展具有十分重要的意义。

四、未来华锐，打造能源领域新平台

华锐风电抓住"新机遇、新能源、新未来"的契机，整合优势资源，结合深度市场化改革浪潮，全面深入调整企业产业战略思路，提出立足风机制造，进驻新能源金融、服务行业，全面打造新能源一体化综合解决平台的总体思路。

在未来，华锐风电将立足现有装备制造基础，坚持以低度电成本、高可靠性为风机设计目标，以智慧风能为主要技术特征的研发理念，继续保持并发挥技术领先性，贯彻落实国家风电产业政策和大型风电装备自主化产业政策，开发具有自主知识产权的风电机组技术、海上风电技术、智慧能源技术，把风电机组自主化、智能化、标准化、模块化、大型化作为公司产品研制的重要战略，更加有效地配置资源，推动产品换代和产业升级，提高企业核心竞争能力，将华锐风电建设成为先进、智能化的新能源装备制造企业。

未来，华锐将实现从自我创造价值向为用户创造价值转变，以销售产品为基础向制造与服务并重转变，由提供产品向提供增值服务转变，从一次性产品销售向全生命周期取得收益转变，形成一体化、综合型的服务体系，把华锐风电打造成为以制造业为核心的高端金融增值服务型企业。

未来，华锐风电将对自身产业结构以及综合竞争力进行重新思考与定位，将以新能源投资为方向，结合国家新能源发展战略，在打造高端整机制造基础上，优化调整产业结构，不断探索新的增长点，全面进军新能源产业投资运营业务领域，将华锐风电打造成为新能源领域产业投资领军企业。

未来，华锐风电将通过整合风电以及相关新能源全产业链各环节的竞争优势，不仅向全球客户提供经济、可靠的风机装备，还将提供贯穿风场全生命周期的投资、风场开发、风场建设及运营维护等服务，为客户定制可靠、卓越、可持续的新能源领域一体化综合解决方案，将华锐风电打造成为新能源一体化综合解决方案提供商。

2015 中国能源集团 500 强榜单

排名	企业名称	2014 年营业收入（万元）
1	中国石油化工集团公司	288 993 429.00
2	中国石油天然气集团公司	272 995 600.00
3	国家电网公司	209 136 337.41
4	中国海洋石油总公司	61 159 992.07
5	中国中化集团公司	49 682 919.25
6	中国南方电网有限责任公司	47 234 994.22
7	神华集团有限责任公司	32 490 058.62
8	中国华能集团公司	29 206 174.44
9	中国电力建设集团有限公司	26 500 258.62
10	山西焦煤集团有限责任公司	25 773 258.47
11	冀中能源集团有限责任公司	22 921 231.56
12	中国航空油料集团公司	22 289 976.00
13	中国华信能源有限公司	21 399 476.00
14	大同煤矿集团有限责任公司	21 382 862.71
15	中国国电集团公司	21 335 549.16
16	中国华电集团公司	21 249 477.36
17	陕西延长石油（集团）有限责任公司	20 822 635.25
18	山西潞安矿业（集团）有限责任公司	20 511 761.49
19	河南能源化工集团有限公司	20 433 687.05
20	山东能源集团有限公司	20 056 726.57
21	山西晋城无烟煤矿业集团有限责任公司	19 411 655.13
22	晋能有限责任公司（晋能集团）	19 296 320.86
23	中国能源建设集团有限公司	18 682 856.20
24	中国大唐集团公司	18 611 882.44
25	国家电力投资集团公司	18 228 476.97
26	阳泉煤业（集团）有限责任公司	18 113 175.75
27	陕西煤业化工集团有限责任公司	17 662 201.00
28	中国平煤神马能源化工集团有限责任公司	13 321 963.69
29	国家开发投资公司	11 262 010.45
30	兖矿集团有限公司	11 239 819.47
31	山西煤炭进出口集团有限公司	10 263 595.62

续表

排名	企业名称	2014 年营业收入（万元）
32	新疆广汇实业投资（集团）有限责任公司	10 082 004.96
33	开滦（集团）有限责任公司	10 060 429.69
34	中国中煤能源集团有限公司	9 502 000.00
35	上海电气（集团）总公司	9 227 885.00
36	珠海振戎公司	7 702 673.00
37	中电控股有限公司	7 278 035.73
38	浙江省能源集团有限公司	7 117 063.17
39	光汇石油（控股）有限公司	6 666 378.52
40	广西投资集团有限公司	6 532 424.71
41	中国长江三峡集团公司	6 299 557.08
42	中国核工业集团公司	6 025 154.04
43	淮北矿业（集团）有限责任公司	5 930 234.59
44	内蒙古电力（集团）有限责任公司	5 820 652.00
45	新奥集团股份有限公司	5 790 400.00
46	淮南矿业（集团）有限责任公司	5 651 109.36
47	华润电力控股有限公司	5 575 782.70
48	山东东明石化集团有限公司	5 214 757.37
49	广东省粤电集团有限公司	5 078 951.09
50	万达控股集团有限公司	5 064 961.00
51	盾安控股集团有限公司	5 031 944.34
52	中国核工业建设集团公司	4 690 374.98
53	中国节能环保集团公司	4 637 760.05
54	中国广核集团有限公司	4 517 431.50
55	山东海科化工集团有限公司	4 342 433.00
56	中国东方电气集团有限公司	4 293 897.96
57	山东京博控股股份有限公司	4 220 807.98
58	利华益集团股份有限公司	4 202 161.00
59	内蒙古鄂尔多斯投资控股集团有限责任公司	4 136 036.00
60	大连西太平洋石油化工有限公司	3 898 310.00
61	新疆特变电工集团有限公司	3 856 494.68
62	北京控股集团有限公司	3 781 511.06
63	天津俊安煤焦化工有限公司	3 753 694.00
64	杭州锦江集团有限公司	3 667 906.00
65	宝塔石化集团有限公司	3 612 466.28
66	北方华锦化学工业股份有限公司	3 608 203.56
67	云南省能源投资集团有限公司	3 532 995.22
68	北京能源集团有限责任公司	3 481 042.69
69	山西省国新能源发展集团有限公司	3 445 676.08

续表

排名	企业名称	2014 年营业收入（万元）
70	徐州矿务集团有限公司	3 418 238.25
71	重庆市能源投资集团有限公司	3 411 239.86
72	人民电器集团有限公司	3 217 181.00
73	荣盛石化股份有限公司	3 181 084.62
74	天津能源投资集团有限公司	3 169 725.00
75	申能（集团）有限公司	3 082 414.37
76	中融新大集团有限公司	3 056 762.95
77	山东金诚石化集团有限公司	3 051 258.00
78	皖北煤电集团有限责任公司	3 042 946.31
79	沂州集团有限公司	2 988 457.00
80	保利协鑫能源控股有限公司	2 936 546.57
81	福佳集团有限公司	2 903 489.00
82	亿利资源集团有限公司	2 873 157.44
83	北京京煤集团有限责任公司	2 859 118.75
84	黑龙江龙煤矿业控股集团有限责任公司	2 815 800.82
85	恒逸石化股份有限公司	2 806 254.29
86	山东华星石油化工集团有限公司	2 801 535.00
87	宝胜集团有限公司	2 768 323.00
88	福建省能源集团有限责任公司	2 747 907.97
89	内蒙古伊泰集团有限公司	2 733 596.22
90	郑州煤炭工业（集团）有限责任公司	2 703 074.99
91	晶龙实业集团有限公司	2 665 612.00
92	哈尔滨电气集团公司	2 651 703.00
93	富海集团有限公司	2 650 208.00
94	河南神火集团有限公司	2 625 689.56
95	旭阳控股有限公司	2 516 644.00
96	中国燃气控股有限公司	2 499 615.69
97	香港中华煤气有限公司	2 494 012.51
98	山东汇丰石化集团有限公司	2 459 961.00
99	万基控股集团有限公司	2 431 201.00
100	天津塑力线缆集团有限公司	2 380 179.00
101	宜昌兴发集团有限责任公司	2 370 823.00
102	广州市白云电气集团有限公司	2 365 614.00
103	山东万通石油化工集团有限公司	2 361 182.00
104	中国煤炭科工集团有限公司	2 313 204.00
105	云南煤化工集团有限公司	2 297 842.12
106	山东玉皇化工有限公司	2 297 785.24
107	华润燃气控股有限公司	2 265 399.95

续表

排名	企业名称	2014 年营业收入（万元）
108	广州元亨能源有限公司	2 250 875.00
109	正和集团股份有限公司	2 161 712.00
110	贵州盘江投资控股（集团）有限公司	2 100 776.86
111	中国煤炭地质总局	1 975 800.00
112	广州发展集团股份有限公司	1 944 579.52
113	江西省能源集团公司	1 923 072.58
114	正泰集团股份有限公司	1 877 507.55
115	远东控股集团有限公司	1 848 607.00
116	北京京城机电控股有限责任公司	1 824 615.66
117	超威动力控股有限公司	1 818 706.00
118	太原重型机械集团有限公司	1 812 683.72
119	阿特斯阳光电力科技有限公司	1 811 607.66
120	山东淄博傅山企业集团有限公司	1 803 747.00
121	新疆金风科技股份有限公司	1 770 421.80
122	华仪集团有限公司	1 708 086.00
123	山东寿光鲁清石化有限公司	1 680 378.57
124	中国西电集团公司	1 671 463.25
125	江苏天裕能源化工集团有限公司	1 602 500.00
126	山西潞宝集团	1 587 198.00
127	南方石化集团有限公司	1 557 882.00
128	中国庆华能源集团有限公司	1 555 620.53
129	盘锦北方沥青燃料有限公司	1 552 519.00
130	新海能源集团有限公司	1 548 457.63
131	安徽省能源集团有限公司	1 547 266.07
132	上海胜华电缆（集团）有限公司	1 532 300.00
133	山东垦利石化有限责任公司	1 446 826.63
134	中煤矿山建设集团有限责任公司	1 437 746.83
135	沈阳煤业（集团）有限责任公司	1 425 308.50
136	兴乐集团有限公司	1 420 646.00
137	天能动力国际有限公司	1 404 373.10
138	山东恒源石油化工股份有限公司	1 403 063.00
139	翔鹭石化股份有限公司	1 379 405.89
140	安徽淮海实业发展集团有限公司	1 351 355.26
141	东华能源股份有限公司	1 331 425.57
142	中海石油中捷石化有限公司	1 319 566.21
143	太原煤炭气化（集团）有限责任公司	1 318 366.36
144	中国船舶重工股份有限公司	1 302 337.08
145	浙江富春江通信集团有限公司	1 295 065.00

续表

排名	企业名称	2014 年营业收入（万元）
146	英利绿色能源控股有限公司	1 292 737.70
147	青海省投资集团有限公司	1 289 502.81
148	北方重工集团有限公司	1 284 926.00
149	内蒙古黄河能源科技集团有限责任公司	1 255 647.00
150	国家核电技术有限公司	1 254 231.22
151	深圳能源集团股份有限公司	1 250 604.23
152	中海发展股份有限公司	1 233 382.04
153	辽宁铁法能源有限责任公司	1 222 959.00
154	杭州东恒石油有限公司	1 217 430.00
155	新疆中泰（集团）有限责任公司	1 215 670.00
156	山东中海化工集团有限公司	1 213 646.00
157	内蒙古蒙泰煤电集团有限公司	1 209 130.00
158	内蒙古亿利能源股份有限公司	1 201 001.65
159	内蒙古明华能源集团有限公司	1 190 496.00
160	四川省能源投资集团有限责任公司	1 170 430.93
161	华通机电集团有限公司	1 163 096.00
162	德力西集团有限公司	1 130 754.55
163	沈阳鼓风机集团股份有限公司	1 123 583.00
164	内蒙古源通煤化集团有限责任公司	1 121 712.00
165	中集安瑞科控股有限公司	1 119 767.00
166	内蒙古伊东资源集团股份有限公司	1 117 743.00
167	山东荣信煤化有限责任公司	1 092 713.00
168	山西漳泽电力股份有限公司	1 092 283.74
169	河北建投能源投资股份有限公司	1 089 113.55
170	天合光能有限公司	1 086 104.75
171	江苏上上电缆集团有限公司	1 084 742.00
172	四川省煤炭产业集团有限责任公司	1 076 760.93
173	贵州水矿控股集团有限责任公司	1 052 893.00
174	阜新矿业（集团）有限责任公司	1 052 336.58
175	江苏亨通光电股份有限公司	1 041 954.91
176	湘电集团有限公司	1 025 943.83
177	大庆中蓝石化有限公司	1 000 543.00
178	中亚石油有限公司	999 384.00
179	晶科能源控股有限公司	997 852.86
180	大全集团有限公司	988 444.62
181	浙江昱辉阳光能源有限公司	955 480.01
182	广西水利电业集团有限公司	954 415.04
183	深圳市燃气集团股份有限公司	953 087.35

续表

排名	企业名称	2014 年营业收入（万元）
184	内蒙古汇能煤电集团有限公司	942 166.00
185	陕西榆林能源集团有限公司	939 254.00
186	中利科技集团股份有限公司	924 607.16
187	陕西黄河矿业（集团）有限责任公司	899 060.71
188	格盟国际能源有限公司	864 199.86
189	中天科技集团有限公司	864 134.05
190	江南集团有限公司	815 455.50
191	中国高速传动设备集团有限公司	814 733.80
192	河北鑫海化工集团有限公司	800 771.00
193	内蒙古博源控股集团有限公司	791 441.90
194	永泰能源股份有限公司	791 205.99
195	宏华集团有限公司	781 253.70
196	广西金伍岳能源有限公司	772 697.00
197	新能源科技有限公司	761 309.00
198	胜利油田高原石油装备有限责任公司	758 631.00
199	汉能薄膜发电集团有限公司	758 500.71
200	抚顺矿业集团有限责任公司	753 036.63
201	内蒙古双欣能源化工有限公司	750 194.68
202	宁波富德能源有限公司	732 906.00
203	中国第一重型机械股份公司	732 799.67
204	湖南省煤业集团有限公司	727 015.00
205	湖北能源集团股份有限公司	727 014.68
206	内蒙古远兴能源股份有限公司	719 972.55
207	内蒙古太西煤集团股份有限公司	719 821.31
208	中粮生物化学（安徽）股份有限公司	715 319.67
209	内蒙古满世投资集团有限公司	715 275.00
210	山东济宁能源发展集团有限公司	713 472.00
211	华亭煤业集团有限责任公司	709 293.00
212	靖远煤业集团有限责任公司	699 782.53
213	阳光凯迪新能源集团有限公司	699 140.86
214	卧龙电气集团股份有限公司	689 256.22
215	吉林省煤业集团有限公司	684 926.47
216	山西兰花煤炭实业集团有限公司	681 421.57
217	广东省水电集团有限公司	663 068.08
218	云南云维股份有限公司	662 346.36
219	兰州兰石集团有限公司	660 259.00
220	青岛汉河集团股份有限公司	656 368.00
221	中国秦发集团有限公司	648 827.90

排名	企业名称	2014 年营业收入（万元）
222	天津恒运能源集团股份有限公司	646 735.00
223	深圳市德赛电池科技股份有限公司	638 959.80
224	黑龙江安瑞佳石油化工有限公司	625 999.00
225	府谷县煤化工集团有限责任公司	622 211.00
226	郑州煤矿机械集团股份有限公司	612 445.69
227	上海浦东电线电缆（集团）有限公司	610 000.00
228	内蒙古德晟实业集团有限公司	609 613.00
229	福建龙净环保股份有限公司	602 666.36
230	佛山市公用事业控股有限公司	599 833.14
231	中国明阳风电集团有限公司	587 243.90
232	浙江万马股份有限公司	584 695.02
233	山西阳光焦化集团股份有限公司	580 795.00
234	风帆股份有限公司	574 802.26
235	顺风国际清洁能源有限公司	574 593.90
236	阳谷电缆集团有限公司	573 800.00
237	河南金马能源有限公司	554 036.00
238	中电电气集团有限公司	553 947.00
239	陕西燃气集团有限公司	544 666.00
240	内蒙古西蒙集团有限公司	541 717.00
269	比亚迪股份有限公司	533 884.90
241	河南蓝天集团有限公司	531 100.00
242	上海龙宇燃油股份有限公司	527 880.90
243	中国长江航运集团南京油运股份有限公司	520 212.26
244	陕西鼓风机（集团）有限公司	518 916.00
245	新天绿色能源股份有限公司	514 943.20
246	中国光大国际有限公司	501 336.35
247	中国兴业太阳能技术控股有限公司	501 142.60
248	保定天威集团有限公司	496 859.50
249	海润光伏科技股份有限公司	495 840.70
250	长春天然气有限责任公司	488 700.00
251	云南煤业能源股份有限公司	488 610.25
252	新奥生态控股股份有限公司	486 870.55
253	神东天隆集团有限责任公司	486 587.19
254	江苏中超电缆股份有限公司	486 577.14
255	内蒙古君正能源化工股份有限公司	478 380.43
256	天津中环半导体股份有限公司	476 784.27
257	甘肃省电力投资集团有限责任公司	475 545.37
258	吉林电力股份有限公司	475 294.84

续表

排名	企业名称	2014 年营业收入（万元）
259	河北华丰煤化电力有限公司	469 816.00
260	广东宝丽华新能源股份有限公司	469 710.67
261	中铝宁夏能源集团有限公司	467 646.12
262	韩华新能源有限公司	464 811.48
263	新华水利控股集团公司	464 716.24
264	青岛汉缆股份有限公司	463 761.04
265	沈阳金山能源股份有限公司	461 234.33
266	河南平高电气股份有限公司	460 582.65
267	楼东俊安资源（中国）控股有限公司	459 584.93
268	三安光电股份有限公司	457 966.51
270	安徽天康（集团）股份有限公司	448 606.00
271	烟台杰瑞石油服务集团股份有限公司	446 060.21
272	新疆天富集团有限责任公司	445 767.19
273	中材科技股份有限公司	442 445.24
274	广州恒运企业集团股份有限公司	439 447.08
275	武汉市燃气热力集团有限公司	434 065.00
276	欣旺达电子股份有限公司	427 918.78
277	上海置信电气股份有限公司	420 137.38
278	厦门海澳集团有限公司	416 747.00
279	汉江水利水电（集团）有限责任公司	413 984.80
280	上海大众公用事业（集团）股份有限公司	413 104.26
281	天安电气集团有限公司	410 643.00
282	潮州华丰集团股份有限公司	409 703.00
283	鄂尔多斯市乌兰煤炭集团有限责任公司	407 813.37
284	茂名石化实华股份有限公司	401 469.24
285	广州电气装备集团有限公司	383 580.56
286	上海航天汽车机电股份有限公司	378 681.09
287	浙江南都电源动力股份有限公司	378 636.13
288	江苏常宝钢管股份有限公司	377 657.19
289	浙江富春江环保热电股份有限公司	373 006.85
290	桂林国际电线电缆集团有限责任公司	372 384.00
291	西安隆基硅材料股份有限公司	368 016.85
292	思源电气股份有限公司	367 130.48
293	宁波杉杉股份有限公司	365 899.06
294	云南曲靖麒麟煤化工有限公司	365 505.00
295	中粮生化能源（肇东）有限公司	362 391.00
296	华锐风电科技（集团）股份有限公司	361 988.08
297	新疆天富能源股份有限公司	355 895.54

续表

排名	企业名称	2014 年营业收入（万元）
298	哈尔滨光宇集团股份有限公司	353 066.40
299	江苏华朋集团有限公司	351 449.00
300	宁夏宝丰能源集团股份有限公司	344 919.83
301	青岛能源集团有限公司	342 319.00
302	山西安泰集团股份有限公司	335 724.93
303	河南豫能控股股份有限公司	335 595.03
304	福建南平太阳电缆股份有限公司	335 354.25
305	宁夏宁鲁石化有限公司	332 278.20
306	华西能源工业股份有限公司	326 858.54
307	北京四方继保自动化股份有限公司	326 411.13
308	天津力神电池股份有限公司	325 036.00
309	亿晶光电科技股份有限公司	324 927.84
310	窑街煤电集团有限公司	321 928.83
311	金杯电工股份有限公司	317 712.82
312	山东新能泰山发电股份有限公司	314 564.53
313	无锡华光锅炉股份有限公司	314 434.48
314	杭州锅炉集团股份有限公司	313 278.07
315	大庆龙江风电有限责任公司	310 962.00
316	佛山电器照明股份有限公司	306 864.12
317	阳光电源股份有限公司	306 224.74
318	百色百矿集团有限公司	306 145.00
319	山东宏河矿业集团有限公司	306 013.31
320	云南富源德鑫集团有限公司	305 413.00
321	天津三和众诚石油制品销售有限公司	305 113.00
322	日出东方太阳能股份有限公司	305 026.44
323	浙江海越股份有限公司	304 041.80
324	盈峰环境科技集团股份有限公司	301 907.06
325	广东韶能集团股份有限公司	300 952.08
326	彬县煤炭有限责任公司	300 630.70
327	江苏爱康太阳能科技股份有限公司	300 278.35
328	MI 能源控股公司	298 290.90
329	山西襄矿集团有限公司	296 615.16
330	东方日升新能源股份有限公司	295 219.23
331	宁夏通达新能源集团有限公司	294 265.00
332	内蒙古霍林河煤业集团有限责任公司	293 750.65
333	泰豪科技股份有限公司	292 070.96
334	建滔（河北）焦化化工有限公司	291 894.00
335	安徽天大石油管材股份有限公司	288 195.50

排名	企业名称	2014 年营业收入（万元）
336	阳光能源控股有限公司	286 469.90
337	保利能源控股有限公司	285 577.15
338	湘投控股集团有限公司	284 048.60
339	广西合信精煤加工有限责任公司	283 969.00
340	协和新能源集团有限公司	280 020.37
341	苏州纽威阀门股份有限公司	273 427.88
342	佛山佛塑科技集团股份有限公司	273 148.32
343	山东鲁泰煤业有限公司	273 088.90
344	中油金鸿天然气输送有限公司	271 096.86
345	协鑫集成科技股份有限公司	269 927.85
346	江西赣能股份有限公司	266 904.19
347	南京汽轮电机（集团）有限责任公司	263 211.00
348	江苏玉龙钢管股份有限公司	258 966.46
349	海隆石油工业集团有限公司	257 598.60
350	首钢福山资源集团有限公司	256 766.22
351	山东省泉兴能源集团有限公司	255 417.92
352	山东墨龙石油机械股份有限公司	252 210.24
353	海南省太平洋石油实业股份有限公司	250 763.00
354	海南石油太平洋有限责任公司	250 332.00
355	江苏新远程电缆股份有限公司	249 380.67
356	宁波球冠电缆股份有限公司	244 037.00
357	杭州福斯特光伏材料股份有限公司	238 585.95
358	青岛捷能汽轮机集团股份有限公司	237 496.00
359	山东裕隆矿业集团有限公司	236 350.00
360	常熟风范电力设备股份有限公司	235 351.85
361	中粮生化能源（龙江）有限公司	235 102.00
362	贵州燃气（集团）有限责任公司	234 914.80
363	中国电力新能源发展有限公司	234 438.10
364	南阳防爆集团股份有限公司	233 024.00
365	湖南郴电国际发展股份有限公司	226 979.47
366	广东南洋电缆集团股份有限公司	225 889.33
367	深圳市汇川技术股份有限公司	224 255.01
368	中卫市银阳新能源有限公司	221 649.76
369	江苏林洋能源股份有限公司	220 641.37
370	三一重装国际控股有限公司	217 523.70
371	山西沁新能源集团股份有限公司	216 247.39
372	贵州黔源电力股份有限公司	214 711.94
373	上海汇通能源股份有限公司	212 305.38

排名	企业名称	2014 年营业收入（万元）
374	广西桂东电力股份有限公司	211 453.47
375	江西省天然气（赣投气通）控股有限公司	208 078.25
376	重庆乌江实业（集团）股份有限公司	207 412.02
377	安东石油技术（集团）有限公司	207 120.50
378	双良节能股份有限公司	206 503.52
379	昆明焦化制气有限公司	206 376.00
380	兰州长城电工股份有限公司	205 800.28
381	通裕重工股份有限公司	205 580.59
382	云南文山电力股份有限公司	201 603.30
383	云南省小龙潭矿务局	198 795.00
384	深圳市雄韬电源科技股份有限公司	197 540.45
385	内蒙古特弘煤电集团有限责任公司	197 432.00
386	广东易事特电源股份有限公司	196 908.54
387	深圳市科陆电子科技股份有限公司	195 460.89
388	云南省保山电力股份有限公司	193 656.00
389	青岛特锐德电气股份有限公司	193 205.42
390	信義光能控股有限公司	190 117.99
391	宝泰隆新材料股份有限公司	189 809.00
392	诺德投资股份有限公司	189 237.21
393	林州重机集团股份有限公司	187 434.94
394	南阳石油二机装备（集团）有限公司	184 942.00
395	东方电子股份有限公司	184 059.52
396	广西登高集团有限公司	183 958.00
397	大庆联谊石化股份有限公司	183 142.00
398	河南亿星实业集团有限公司	179 528.00
399	山东省微山湖矿业集团有限公司	179 025.65
400	海南威特电气集团有限公司	176 536.00
401	光为绿色新能源股份有限公司	173 470.00
402	山西乡宁焦煤集团有限责任公司	169 471.00
403	电能实业有限公司	168 108.20
404	上海游久游戏股份有限公司	167 523.82
405	沁和能源集团有限公司	164 929.33
406	浙江向日葵光能科技股份有限公司	164 389.54
407	长春燃气股份有限公司	164 192.56
408	江苏吉鑫风能科技股份有限公司	164 003.22
409	深圳市沃尔核材股份有限公司	162 918.71
410	宁波东方电缆股份有限公司	159 326.66
411	沈阳惠天热电股份有限公司	157 320.17

续表

排名	企业名称	2014 年营业收入（万元）
412	平顶山煤矿机械有限责任公司	154 751.00
413	乐山电力股份有限公司	153 981.03
414	河北省磁县六合工业有限公司	152 650.00
415	四川广安爱众股份有限公司	151 316.83
416	山西义棠煤业有限责任公司	150 614.00
417	厦门科华恒盛股份有限公司	148 566.47
418	海南金盘电气有限公司	147 204.50
419	河南丰麟实业集团有限公司	147 027.00
420	中国宝安集团股份有限公司	146 694.10
421	岳阳兴长石化股份有限公司	146 086.83
422	山东矿机集团股份有限公司	145 371.80
423	曲靖市盛凯焦化有限责任公司	144 303.00
424	宁夏银星能源股份有限公司	143 847.22
425	上海泰胜风能装备股份有限公司	143 818.64
426	昆明电缆集团股份有限公司	143 227.00
427	延安车村煤业（集团）有限责任公司	142 728.00
428	河北华通线缆集团有限公司	141 581.00
429	株洲时代新材料科技股份有限公司	141 000.00
430	天顺风能（苏州）股份有限公司	140 231.89
431	深圳科士达科技股份有限公司	138 787.81
432	洲际油气股份有限公司	138 725.00
433	华油惠博普科技股份有限公司	138 141.71
434	上海创立集团股份有限公司	136 812.00
435	青海省能源发展（集团）有限公司	136 664.00
436	山东海鑫达石油机械有限公司	135 400.00
437	江西汇能电器科技有限公司	135 000.00
438	北京科锐配电自动化股份有限公司	134 777.45
439	黑龙江中盟集团有限公司	132 095.10
440	重庆三峡水利电力（集团）股份有限公司	129 783.46
441	中国蓝星哈尔滨石化有限公司	128 901.00
442	中国环保投资股份有限公司	127 776.59
443	北京清新环境技术股份有限公司	127 679.46
444	山东丰源集团股份有限公司	126 111.90
445	山东新方集团股份有限公司	125 089.00
446	山东圣阳电源股份有限公司	124 612.50
447	四川明星电力股份有限公司	124 489.71
448	深圳南山热电股份有限公司	123 410.15
449	云南宣威磷电有限责任公司	121 878.00

排名	企业名称	2014 年营业收入（万元）
450	河南豫龙焦化有限公司	121 650.00
451	黑龙江辰能投资集团有限公司	121 268.00
452	海南富山集团有限公司	120 949.00
453	惠州亿纬锂能股份有限公司	120 892.40
454	哈尔滨哈投投资股份有限公司	119 134.52
455	河北省磁县申家庄煤矿	118 012.00
456	江苏金智科技股份有限公司	117 908.13
457	新疆国际实业股份有限公司	117 660.28
458	内蒙古怡和能源集团有限公司	116 434.00
459	山东新查庄矿业有限责任公司	115 019.16
460	河南森源电气股份有限公司	114 574.06
461	辽宁能源投资（集团）有限责任公司	114 430.75
462	齐鲁电缆有限公司	112 800.00
463	广州白云电气设备股份有限公司	111 923.43
464	北京首航艾启威节能技术股份有限公司	111 601.51
465	新疆百花村股份有限公司	110 887.01
466	积成电子股份有限公司	110 875.17
467	四川川投能源股份有限公司	110 277.45
468	宁波热电股份有限公司	110 119.89
469	海南国盛石油有限公司	109 052.00
470	中国南玻集团股份有限公司	108 705.40
471	云南通变电器有限公司	107 682.00
472	江西省中联能源发展有限公司	104 702.00
473	山西怀仁联顺玺达能源有限公司	104 300.00
474	江西瑞晶太阳能科技有限公司	103 815.00
475	新疆焦煤（集团）有限责任公司	103 662.00
476	合肥国轩高科动力能源股份公司	101 000.00
477	深圳市广聚能源股份有限公司	100 788.20
478	山东王晁煤电集团有限公司	100 258.17
479	山西美锦能源股份有限公司	99 810.70
480	苏州道森钻采设备股份有限公司	96 063.63
481	成都华气厚普机电设备股份有限公司	95 759.38
482	新大洲控股股份有限公司	95 195.48
483	北京动力源科技股份有限公司	93 932.67
484	天津北达线缆集团有限公司	93 842.66
485	荣信电力电子股份有限公司	92 779.98
486	三变科技股份有限公司	92 382.51
487	天津百利特精电气股份有限公司	91 052.94

续表

排名	企业名称	2014 年营业收入（万元）
488	卡姆丹克太阳能系统集团有限公司	90 662.00
489	浙江精功科技股份有限公司	90 186.77
490	永清环保股份有限公司	90 114.03
491	天津市华源石化石油有限公司	89 167.00
492	江苏东源电器集团股份有限公司	88 550.62
493	甘肃蓝科石化高新装备股份有限公司	86 467.10
494	常州亚玛顿股份有限公司	86 281.63
495	湖南科力远新能源股份有限公司	85 470.67
496	山西永东化工股份有限公司	84 835.70
497	江西省福斯特新能源集团有限公司	84 124.00
498	徐州科融环境资源股份有限公司	84 083.41
499	北海银河产业投资股份有限公司	80 192.37
500	国家电投集团石家庄东方能源股份有限公司	77 774.36

电力行业分榜单

排名	企业名称	2014 年营业收入（万元）
1	国家电网公司	209 136 337.41
2	中国南方电网有限责任公司	47 234 994.22
3	中国华能集团公司	29 206 174.44
4	中国电力建设集团有限公司	26 500 258.62
5	中国国电集团公司	21 335 549.16
6	中国华电集团公司	21 249 477.36
7	中国能源建设集团有限公司	18 682 856.20
8	中国大唐集团公司	18 611 882.44
9	国家电力投资集团公司	18 228 476.97
10	上海电气（集团）总公司	9 227 885.00
11	中电控股有限公司	7 278 035.73
12	广西投资集团有限公司	6 532 424.71
13	中国长江三峡集团公司	6 299 557.08
14	中国核工业集团公司	6 025 154.04
15	内蒙古电力（集团）有限责任公司	5 820 652.00
16	华润电力控股有限公司	5 575 782.70
17	广东省粤电集团有限公司	5 078 951.09
18	中国核工业建设集团公司	4 690 374.98
19	中国广核集团有限公司	4 517 431.50
20	中国东方电气集团有限公司	4 293 897.96
21	新疆特变电工集团有限公司	3 856 494.68
22	杭州锦江集团有限公司	3 667 906.00
23	北京能源集团有限责任公司	3 481 042.69
24	人民电器集团有限公司	3 217 181.00
25	申能（集团）有限公司	3 082 414.37
26	宝胜集团有限公司	2 768 323.00
27	哈尔滨电气集团公司	2 651 703.00
28	天津塑力线缆集团有限公司	2 380 179.00
29	宜昌兴发集团有限责任公司	2 370 823.00
30	广州市白云电气集团有限公司	2 365 614.00
31	正泰集团股份有限公司	1 877 507.55

续表

排名	企业名称	2014 年营业收入（万元）
32	远东控股集团有限公司	1 848 607.00
33	华仪集团有限公司	1 708 086.00
34	中国西电集团公司	1 671 463.25
35	安徽省能源集团有限公司	1 547 266.07
36	上海胜华电缆（集团）有限公司	1 532 300.00
37	兴乐集团有限公司	1 420 646.00
38	浙江富春江通信集团有限公司	1 295 065.00
39	国家核电技术有限公司	1 254 231.22
40	深圳能源集团股份有限公司	1 250 604.23
41	华通机电集团有限公司	1 163 096.00
42	德力西集团有限公司	1 130 754.55
43	山西漳泽电力股份有限公司	1 092 283.74
44	河北建投能源投资股份有限公司	1 089 113.55
45	江苏上上电缆集团有限公司	1 084 742.00
46	江苏亨通光电股份有限公司	1 041 954.91
47	湘电集团有限公司	1 025 943.83
48	广西水利电业集团有限公司	954 415.04
49	中利科技集团股份有限公司	924 607.16
50	中天科技集团有限公司	864 134.05
51	江南集团有限公司	815 455.50
52	卧龙电气集团股份有限公司	689 256.22
53	广东省水电集团有限公司	663 068.08
54	青岛汉河集团股份有限公司	656 368.00
55	上海浦东电线电缆（集团）有限公司	610 000.00
56	浙江万马股份有限公司	584 695.02
57	阳谷电缆集团有限公司	573 800.00
58	中电电气集团有限公司	553 947.00
59	内蒙古君正能源化工股份有限公司	478 380.43
60	吉林电力股份有限公司	475 294.84
61	河北华丰煤化电力有限公司	469 816.00
62	韩华新能源有限公司	464 811.48
63	青岛汉缆股份有限公司	463 761.04
64	沈阳金山能源股份有限公司	461 234.33
65	河南平高电气股份有限公司	460 582.65

排名	企业名称	2014 年营业收入（万元）
66	楼东俊安资源（中国）控股有限公司	459 584.93
67	安徽天康（集团）股份有限公司	448 606.00
68	新疆天富集团有限责任公司	445 767.19
69	广州恒运企业集团股份有限公司	439 447.08
70	上海置信电气股份有限公司	420 137.38
71	汉江水利水电（集团）有限责任公司	413 984.80
72	天安电气集团有限公司	410 643.00
73	广州电气装备集团有限公司	383 580.56
74	桂林国际电线电缆集团有限责任公司	372 384.00
75	思源电气股份有限公司	367 130.48
76	新疆天富能源股份有限公司	355 895.54
77	江苏华朋集团有限公司	351 449.00
78	河南豫能控股股份有限公司	335 595.03
79	福建南平太阳电缆股份有限公司	335 354.25
80	华西能源工业股份有限公司	326 858.54
81	北京四方继保自动化股份有限公司	326 411.13
82	金杯电工股份有限公司	317 712.82
83	山东新能泰山发电股份有限公司	314 564.53
84	无锡华光锅炉股份有限公司	314 434.48
85	盈峰环境科技集团股份有限公司	301 907.06
86	广东韶能集团股份有限公司	300 952.08
87	泰豪科技股份有限公司	292 070.96
88	湘投控股集团有限公司	284 048.60
89	江西赣能股份有限公司	266 904.19
90	南京汽轮电机（集团）有限责任公司	263 211.00
91	江苏新远程电缆股份有限公司	249 380.67
92	宁波球冠电缆股份有限公司	244 037.00
93	青岛捷能汽轮机集团股份有限公司	237 496.00
94	常熟风范电力设备股份有限公司	235 351.85
95	南阳防爆集团股份有限公司	233 024.00
96	湖南郴电国际发展股份有限公司	226 979.47
97	广东南洋电缆集团股份有限公司	225 889.33
98	深圳市汇川技术股份有限公司	224 255.01
99	江苏林洋能源股份有限公司	220 641.37

续表

排名	企业名称	2014 年营业收入（万元）
100	贵州黔源电力股份有限公司	214 711.94
101	广西桂东电力股份有限公司	211 453.47
102	重庆乌江实业（集团）股份有限公司	207 412.02
103	兰州长城电工股份有限公司	205 800.28
104	云南文山电力股份有限公司	201 603.30
105	深圳市雄韬电源科技股份有限公司	197 540.45
106	深圳市科陆电子科技股份有限公司	195 460.89
107	云南省保山电力股份有限公司	193 656.00
108	青岛特锐德电气股份有限公司	193 205.42
109	诺德投资股份有限公司	189 237.21
110	东方电子股份有限公司	184 059.52
111	广西登高集团有限公司	183 958.00
112	海南威特电气集团有限公司	176 536.00
113	电能实业有限公司	168 108.20
114	深圳市沃尔核材股份有限公司	162 918.71
115	宁波东方电缆股份有限公司	159 326.66
116	沈阳惠天热电股份有限公司	157 320.17
117	乐山电力股份有限公司	153 981.03
118	四川广安爱众股份有限公司	151 316.83
119	厦门科华恒盛股份有限公司	148 566.47
120	海南金盘电气有限公司	147 204.50
121	昆明电缆集团股份有限公司	143 227.00
122	河北华通线缆集团有限公司	141 581.00
123	深圳科士达科技股份有限公司	138 787.81
124	北京科锐配电自动化股份有限公司	134 777.45
125	黑龙江中盟集团有限公司	132 095.10
126	重庆三峡水利电力（集团）股份有限公司	129 783.46
127	四川明星电力股份有限公司	124 489.71
128	深圳南山热电股份有限公司	123 410.15
129	云南宣威磷电有限责任公司	121 878.00
130	黑龙江辰能投资集团有限公司	121 268.00
131	哈尔滨哈投投资股份有限公司	119 134.52
132	江苏金智科技股份有限公司	117 908.13
133	河南森源电气股份有限公司	114 574.06

排名	企业名称	2014 年营业收入（万元）
134	辽宁能源投资（集团）有限责任公司	114 430.75
135	齐鲁电缆有限公司	112 800.00
136	广州白云电气设备股份有限公司	111 923.43
137	北京首航艾启威节能技术股份有限公司	111 601.51
138	积成电子股份有限公司	110 875.17
139	四川川投能源股份有限公司	110 277.45
140	宁波热电股份有限公司	110 119.89
141	云南通变电器有限公司	107 682.00
142	北京动力源科技股份有限公司	93 932.67
143	天津北达线缆集团有限公司	93 842.66
144	荣信电力电子股份有限公司	92 779.98
145	三变科技股份有限公司	92 382.51
146	天津百利特精电气股份有限公司	91 052.94
147	江苏东源电器集团股份有限公司	88 550.62
148	北海银河产业投资股份有限公司	80 192.37
149	国家电投集团石家庄东方能源股份有限公司	77 774.36

煤炭行业分榜单

排名	企业名称	2014 年营业收入（万元）
1	神华集团有限责任公司	32 490 058.62
2	山西焦煤集团有限责任公司	25 773 258.47
3	冀中能源集团有限责任公司	22 921 231.56
4	大同煤矿集团有限责任公司	21 382 862.71
5	山西潞安矿业（集团）有限责任公司	20 511 761.49
6	河南能源化工集团有限公司	20 433 687.05
7	山东能源集团有限公司	20 056 726.57
8	山西晋城无烟煤矿业集团有限责任公司	19 411 655.13
9	晋能有限责任公司（晋能集团）	19 296 320.86
10	阳泉煤业（集团）有限责任公司	18 113 175.75
11	陕西煤业化工集团有限责任公司	17 662 201.00
12	中国平煤神马能源化工集团有限责任公司	13 321 963.69
13	兖矿集团有限公司	11 239 819.47
14	山西煤炭进出口集团有限公司	10 263 595.62
15	开滦（集团）有限责任公司	10 060 429.69
16	中国中煤能源集团有限公司	9 502 000.00
17	淮北矿业（集团）有限责任公司	5 930 234.59
18	淮南矿业（集团）有限责任公司	5 651 109.36
19	天津俊安煤焦化工有限公司	3 753 694.00
20	徐州矿务集团有限公司	3 418 238.25
21	重庆市能源投资集团有限公司	3 411 239.86
22	中融新大集团有限公司	3 056 762.95
23	皖北煤电集团有限责任公司	3 042 946.31
24	北京京煤集团有限责任公司	2 859 118.75
25	黑龙江龙煤矿业控股集团有限责任公司	2 815 800.82
26	福建省能源集团有限责任公司	2 747 907.97
27	内蒙古伊泰集团有限公司	2 733 596.22
28	郑州煤炭工业（集团）有限责任公司	2 703 074.99
29	河南神火集团有限公司	2 625 689.56
30	旭阳控股有限公司	2 516 644.00
31	中国煤炭科工集团有限公司	2 313 204.00

续表

排名	企业名称	2014 年营业收入（万元）
32	云南煤化工集团有限公司	2 297 842.12
33	贵州盘江投资控股（集团）有限公司	2 100 776.86
34	中国煤炭地质总局	1 975 800.00
35	江西省能源集团公司	1 923 072.58
36	太原重型机械集团有限公司	1 812 683.72
37	江苏天裕能源化工集团有限公司	1 602 500.00
38	山西潞宝集团	1 587 198.00
39	中国庆华能源集团有限公司	1 555 620.53
40	中煤矿山建设集团有限责任公司	1 437 746.83
41	沈阳煤业（集团）有限责任公司	1 425 308.50
42	安徽淮海实业发展集团有限公司	1 351 355.26
43	太原煤炭气化（集团）有限责任公司	1 318 366.36
44	内蒙古黄河能源科技集团有限责任公司	1 255 647.00
45	辽宁铁法能源有限责任公司	1 222 959.00
46	内蒙古蒙泰煤电集团有限公司	1 209 130.00
47	内蒙古亿利能源股份有限公司	1 201 001.65
48	内蒙古明华能源集团有限公司	1 190 496.00
49	内蒙古源通煤化集团有限责任公司	1 121 712.00
50	内蒙古伊东资源集团股份有限公司	1 117 743.00
51	山东荣信煤化有限责任公司	1 092 713.00
52	四川省煤炭产业集团有限责任公司	1 076 760.93
53	贵州水矿控股集团有限责任公司	1 052 893.00
54	阜新矿业（集团）有限责任公司	1 052 336.58
55	内蒙古汇能煤电集团有限公司	942 166.00
56	陕西榆林能源集团有限公司	939 254.00
57	陕西黄河矿业（集团）有限责任公司	899 060.71
58	内蒙古博源控股集团有限公司	791 441.90
59	广西金伍岳能源有限公司	772 697.00
60	抚顺矿业集团有限责任公司	753 036.63
61	内蒙古双欣能源化工有限公司	750 194.68
62	宁波富德能源有限公司	732 906.00
63	湖南省煤业集团有限公司	727 015.00
64	内蒙古太西煤集团股份有限公司	719 821.31
65	内蒙古满世投资集团有限公司	715 275.00

续表

排名	企业名称	2014 年营业收入（万元）
66	山东济宁能源发展集团有限公司	713 472.00
67	华亭煤业集团有限责任公司	709 293.00
68	靖远煤业集团有限责任公司	699 782.53
69	吉林省煤业集团有限公司	684 926.47
70	山西兰花煤炭实业集团有限公司	681 421.57
71	云南云维股份有限公司	662 346.36
72	中国秦发集团有限公司	648 827.90
73	府谷县煤化工集团有限责任公司	622 211.00
74	郑州煤矿机械集团股份有限公司	612 445.69
75	内蒙古德晟实业集团有限公司	609 613.00
76	山西阳光焦化集团股份有限公司	580 795.00
77	河南金马能源有限公司	554 036.00
78	内蒙古西蒙集团有限公司	541 717.00
79	新奥生态控股股份有限公司	486 870.55
80	神东天隆集团有限责任公司	486 587.19
81	江苏中超电缆股份有限公司	486 577.14
82	天津中环半导体股份有限公司	476 784.27
83	广东宝丽华新能源股份有限公司	469 710.67
84	三安光电股份有限公司	457 966.51
85	鄂尔多斯市乌兰煤炭集团有限责任公司	407 813.37
86	云南曲靖麒麟煤化工有限公司	365 505.00
87	宁夏宝丰能源集团股份有限公司	344 919.83
88	山西安泰集团股份有限公司	335 724.93
89	窑街煤电集团有限公司	321 928.83
90	百色百矿集团有限公司	306 145.00
91	山东宏河矿业集团有限公司	306 013.31
92	云南富源德鑫集团有限公司	305 413.00
93	彬县煤炭有限责任公司	300 630.70
94	山西襄矿集团有限公司	296 615.16
95	宁夏通达新能源集团有限公司	294 265.00
96	内蒙古霍林河煤业集团有限责任公司	293 750.65
97	建滔（河北）焦化化工有限公司	291 894.00
98	保利能源控股有限公司	285 577.15
99	广西合信精煤加工有限责任公司	283 969.00

续表

排名	企业名称	2014 年营业收入（万元）
100	山东鲁泰煤业有限公司	273 088.90
101	首钢福山资源集团有限公司	256 766.22
102	山东省泉兴能源集团有限公司	255 417.92
103	山东裕隆矿业集团有限公司	236 350.00
104	三一重装国际控股有限公司	217 523.70
105	山西沁新能源集团股份有限公司	216 247.39
106	昆明焦化制气有限公司	206 376.00
107	云南省小龙潭矿务局	198 795.00
108	内蒙古特弘煤电集团有限责任公司	197 432.00
109	宝泰隆新材料股份有限公司	189 809.00
110	林州重机集团股份有限公司	187 434.94
111	山东省微山湖矿业集团有限公司	179 025.65
112	山西乡宁焦煤集团有限责任公司	169 471.00
113	上海游久游戏股份有限公司	167 523.82
114	沁和能源集团有限公司	164 929.33
115	平顶山煤矿机械有限责任公司	154 751.00
116	河北省磁县六合工业有限公司	152 650.00
117	山西义棠煤业有限责任公司	150 614.00
118	河南丰麟实业集团有限公司	147 027.00
119	山东矿机集团股份有限公司	145 371.80
120	曲靖市盛凯焦化有限责任公司	144 303.00
121	延安车村煤业（集团）有限责任公司	142 728.00
122	上海创立集团股份有限公司	136 812.00
123	青海省能源发展（集团）有限公司	136 664.00
124	山东丰源集团股份有限公司	126 111.90
125	山东新方集团股份有限公司	125 089.00
126	河南豫龙焦化有限公司	121 650.00
127	河北省磁县申家庄煤矿	118 012.00
128	内蒙古怡和能源集团有限公司	116 434.00
129	山东新查庄矿业有限责任公司	115 019.16
130	新疆百花村股份有限公司	110 887.01
131	江西省中联能源发展有限公司	104 702.00
132	山西怀仁联顺玺达能源有限公司	104 300.00
133	新疆焦煤（集团）有限责任公司	103 662.00

续表

排名	企业名称	2014 年营业收入（万元）
134	山东王晁煤电集团有限公司	100 258.17
135	山西美锦能源股份有限公司	99 810.70
136	新大洲控股股份有限公司	95 195.48
137	山西永东化工股份有限公司	84 835.70

石油行业分榜单

排名	企业名称	2014 年营业收入（万元）
1	中国石油化工集团公司	288 993 429.00
2	中国石油天然气集团公司	272 995 600.00
3	中国海洋石油总公司	61 159 992.07
4	中国中化集团公司	49 682 919.25
5	中国航空油料集团公司	22 289 976.00
6	中国华信能源有限公司	21 399 476.00
7	陕西延长石油（集团）有限责任公司	20 822 635.25
8	珠海振戎公司	7 702 673.00
9	光汇石油（控股）有限公司	6 666 378.52
10	山东东明石化集团有限公司	5 214 757.37
11	山东海科化工集团有限公司	4 342 433.00
12	山东京博控股股份有限公司	4 220 807.98
13	利华益集团股份有限公司	4 202 161.00
14	大连西太平洋石油化工有限公司	3 898 310.00
15	宝塔石化集团有限公司	3 612 466.28
16	北方华锦化学工业股份有限公司	3 608 203.56
17	荣盛石化股份有限公司	3 181 084.62
18	山东金诚石化集团有限公司	3 051 258.00
19	福佳集团有限公司	2 903 489.00
20	恒逸石化股份有限公司	2 806 254.29
21	山东华星石油化工集团有限公司	2 801 535.00
22	富海集团有限公司	2 650 208.00
23	山东汇丰石化集团有限公司	2 459 961.00
24	山东万通石油化工集团有限公司	2 361 182.00
25	山东玉皇化工有限公司	2 297 785.24
26	正和集团股份有限公司	2 161 712.00
27	山东寿光鲁清石化有限公司	1 680 378.57
28	南方石化集团有限公司	1 557 882.00
29	盘锦北方沥青燃料有限公司	1 552 519.00
30	山东垦利石化有限责任公司	1 446 826.63
31	山东恒源石油化工股份有限公司	1 403 063.00

续表

排名	企业名称	2014 年营业收入（万元）
32	翔鹭石化股份有限公司	1 379 405.89
33	中海石油中捷石化有限公司	1 319 566.21
34	中海发展股份有限公司	1 233 382.04
35	杭州东恒石油有限公司	1 217 430.00
36	山东中海化工集团有限公司	1 213 646.00
37	沈阳鼓风机集团股份有限公司	1 123 583.00
38	中集安瑞科控股有限公司	1 119 767.00
39	大庆中蓝石化有限公司	1 000 543.00
40	中亚石油有限公司	999 384.00
41	河北鑫海化工集团有限公司	800 771.00
42	宏华集团有限公司	781 253.70
43	胜利油田高原石油装备有限责任公司	758 631.00
44	兰州兰石集团有限公司	660 259.00
45	黑龙江安瑞佳石油化工有限公司	625 999.00
46	中国长江航运集团南京油运股份有限公司	520 212.26
47	陕西鼓风机（集团）有限公司	518 916.00
48	新天绿色能源股份有限公司	514 943.20
49	烟台杰瑞石油服务集团股份有限公司	446 060.21
50	厦门海澳集团有限公司	416 747.00
51	茂名石化实华股份有限公司	401 469.24
52	江苏常宝钢管股份有限公司	377 657.19
53	宁夏宁鲁石化有限公司	332 278.20
54	天津三和众诚石油制品销售有限公司	305 113.00
55	浙江海越股份有限公司	304 041.80
56	MI 能源控股公司	298 290.90
57	安徽天大石油管材股份有限公司	288 195.50
58	苏州纽威阀门股份有限公司	273 427.88
59	江苏玉龙钢管股份有限公司	258 966.46
60	海隆石油工业集团有限公司	257 598.60
61	山东墨龙石油机械股份有限公司	252 210.24
62	海南省太平洋石油实业股份有限公司	250 763.00
63	海南石油太平洋有限责任公司	250 332.00
64	安东石油技术（集团）有限公司	207 120.50
65	南阳石油二机装备（集团）有限公司	184 942.00

续表

排名	企业名称	2014 年营业收入（万元）
66	大庆联谊石化股份有限公司	183 142.00
67	岳阳兴长石化股份有限公司	146 086.83
68	洲际油气股份有限公司	138 725.00
69	华油惠博普科技股份有限公司	138 141.71
70	山东海鑫达石油机械有限公司	135 400.00
71	中国蓝星哈尔滨石化有限公司	128 901.00
72	中国环保投资股份有限公司	127 776.59
73	海南富山集团有限公司	120 949.00
74	新疆国际实业股份有限公司	117 660.28
75	海南国盛石油有限公司	109 052.00
76	深圳市广聚能源股份有限公司	100 788.20
77	苏州道森钻采设备股份有限公司	96 063.63
78	天津市华源石化石油有限公司	89 167.00
79	甘肃蓝科石化高新装备股份有限公司	86 467.10

新能源行业分榜单

排名	企业名称	2014 年营业收入（万元）
1	盾安控股集团有限公司	5 031 944.34
2	保利协鑫能源控股有限公司	2 936 546.57
3	晶龙实业集团有限公司	2 665 612.00
4	超威动力控股有限公司	1 818 706.00
5	阿特斯阳光电力科技有限公司	1 811 607.66
6	新疆金风科技股份有限公司	1 770 421.80
7	天能动力国际有限公司	1 404 373.10
8	英利绿色能源控股有限公司	1 292 737.70
9	天合光能有限公司	1 086 104.75
10	晶科能源控股有限公司	997 852.86
11	浙江昱辉阳光能源有限公司	955 480.01
12	中国高速传动设备集团有限公司	814 733.80
13	新能源科技有限公司	761 309.00
14	汉能薄膜发电集团有限公司	758 500.71
15	中粮生物化学（安徽）股份有限公司	715 319.67
16	阳光凯迪新能源集团有限公司	699 140.86
17	深圳市德赛电池科技股份有限公司	638 959.80
18	中国明阳风电集团有限公司	587 243.90
19	风帆股份有限公司	574 802.26
20	顺风国际清洁能源有限公司	574 593.90
21	河南蓝天集团有限公司	531 100.00
22	中国光大国际有限公司	501 336.35
23	中国兴业太阳能技术控股有限公司	501 142.60
24	保定天威集团有限公司	496 859.50
25	长春天然气有限责任公司	488 700.00
26	甘肃省电力投资集团有限责任公司	475 545.37
27	中铝宁夏能源集团有限公司	467 646.12
28	新华水利控股集团公司	464 716.24
29	中材科技股份有限公司	442 445.24
30	欣旺达电子股份有限公司	427 918.78
31	上海航天汽车机电股份有限公司	378 681.09

排名	企业名称	2014 年营业收入（万元）
32	浙江南都电源动力股份有限公司	378 636.13
33	西安隆基硅材料股份有限公司	368 016.85
34	宁波杉杉股份有限公司	365 899.06
35	中粮生化能源（肇东）有限公司	362 391.00
36	华锐风电科技（集团）股份有限公司	361 988.08
37	哈尔滨光宇集团股份有限公司	353 066.40
38	天津力神电池股份有限公司	325 036.00
39	亿晶光电科技股份有限公司	324 927.84
40	大庆龙江风电有限责任公司	310 962.00
41	阳光电源股份有限公司	306 224.74
42	日出东方太阳能股份有限公司	305 026.44
43	江苏爱康太阳能科技股份有限公司	300 278.35
44	东方日升新能源股份有限公司	295 219.23
45	阳光能源控股有限公司	286 469.90
46	协和新能源集团有限公司	280 020.37
47	佛山佛塑科技集团股份有限公司	273 148.32
48	协鑫集成科技股份有限公司	269 927.85
49	杭州福斯特光伏材料股份有限公司	238 585.95
50	中粮生化能源（龙江）有限公司	235 102.00
51	中国电力新能源发展有限公司	234 438.10
52	中卫市银阳新能源有限公司	221 649.76
53	上海汇通能源股份有限公司	212 305.38
54	通裕重工股份有限公司	205 580.59
55	广东易事特电源股份有限公司	196 908.54
56	信义光能控股有限公司	190 117.99
57	光为绿色新能源股份有限公司	173 470.00
58	浙江向日葵光能科技股份有限公司	164 389.54
59	江苏吉鑫风能科技股份有限公司	164 003.22
60	中国宝安集团股份有限公司	146 694.10
61	宁夏银星能源股份有限公司	143 847.22
62	上海泰胜风能装备股份有限公司	143 818.64
63	株洲时代新材料科技股份有限公司	141 000.00
64	天顺风能（苏州）股份有限公司	140 231.89
65	江西汇能电器科技有限公司	135 000.00

续表

排名	企业名称	2014 年营业收入（万元）
66	山东圣阳电源股份有限公司	124 612.50
67	惠州亿纬锂能股份有限公司	120 892.40
68	中国南玻集团股份有限公司	108 705.40
69	江西瑞晶太阳能科技有限公司	103 815.00
70	合肥国轩高科动力能源股份公司	101 000.00
71	卡姆丹克太阳能系统集团有限公司	90 662.00
72	浙江精功科技股份有限公司	90 186.77
73	常州亚玛顿股份有限公司	86 281.63
74	湖南科力远新能源股份有限公司	85 470.67
75	江西省福斯特新能源集团有限公司	84 124.00